失われた日本の風景　目次

都市懐旧編

故郷回想編

※本書に記した場所、年月日は、不確かなものもありますが、撮影記録にもとづきました。

都市懐旧

編

はじめに

このごろ、都会《まち》で焚火を見かけなくなった。

かつて、道路がまだ舗装されていなかったころ、道ばたでも焚火をした。めいめいの猫の額ほどの庭先でも焚火をした。

そこで燃やすのは、きまって落ち葉や枯れ枝。草とりをしたら、何日かおいて草が十分に枯れたところで火をつけた。掃除の後始末だ。ダイオキシンなんて、出やしない。日なたくさい煙がうすくたなびく。悪くはなかったなあ。

おとなの誰かがつきっきりで燃やした。少しずつ少しずつ、落ち葉や枯れ草、枯れ枝をかぶせながら。最後は土をかぶせて水を撒いた。

子どもたちが、そのまわりで遊んでいた。

焚火は、いわば枯れた植物の葬送。新芽は、再生のしるし。雑草といえども、新芽は摘まない。人間と植物の間にも共生の法がある。そのことが子どもの目でも感知できたはずだ。

同時に子どもたちは、火の尊さも知った。

そんな時代がよかった、というのではない。もう後には戻れない。だが、あの時代の自分にもう一度出会ってみてはどうか、と思うのである。

街並みと暮らし

東京都墨田区向島　昭和24年10月30日

東京都港区飯倉片町　昭和28年12月30日

路地

テレビが家庭に普及しはじめたころ、むろん白黒テレビだったが、NHKの人気番組に「バス通り裏」というドラマがあった。
その放映時間には、屋外から子どもたちの姿が消えるほどの人気だった。そして、その画面には、いましがたまで子どもたちが歓声をあげながら遊びまわっていた下町の暮らしが描きだされていた。
バス通り裏とは、つまり路地。路地裏とか裏路地ともいう。ドブ板通りなどという俗称もあった。路地の幅は、せいぜい一間《いつけん》ほど。自動車は、よほどの小型でないと入れない。
路地をはさんで、木造の小住宅が立ち並ぶ。そういえば、長屋横丁とか路地長屋というところもあった。
私が田舎から東京に出たのが、昭和三十八年。まだ、あちこちにそんな路地があった。田舎者にはものめずらしい風景であった。
窓でも開けていれば、家族の会話も路地ごしにつつぬけ。いや、窓を閉じていても、大声なら壁ごしにもつつぬけだ。食事の献立も、俎板をたたく包丁の音や鍋からたつ香りで、のぞかずともわかる。魚を焼くのは、焜炉《こんろ》を路地に持ち出して団扇《うちわ》でバタバタ。隠しようもない。朝は豆腐売りのラッパで目をさます。夜は、火の用心の拍子木で床につく。隣近所、皆が似たりよったりの暮らしぶりだった。
それでいて、住みにくいという声は聞かなかった。現在からみると、不思議なことである。「相みたがい」の気もちが人びとをつないでいた、としかいいようがない。
留守をよろしく、とことわることもなければ、鍵をかけることもない。誰彼となく子どもをかわいがり、子どもをしかりつける。
ああ、そうだ。路地長屋が全体で大家族だ

ったのだ。路地はその庭だったのだ。路地に古火鉢や古鍋を積みあげた花壇。夏の打ち水、冬の落ち葉焚き。路地を汚す者はいなかった。

東京都墨田区向島　昭和28年5月5日

石川県小松市　昭和30年

愛知県豊橋市二川町　昭和30年9月

東京都港区飯倉片町　昭和28年12月30日

東京都中央区築地明石町　昭和28年12月

東京都中央区築地明石町　昭和28年12月6日

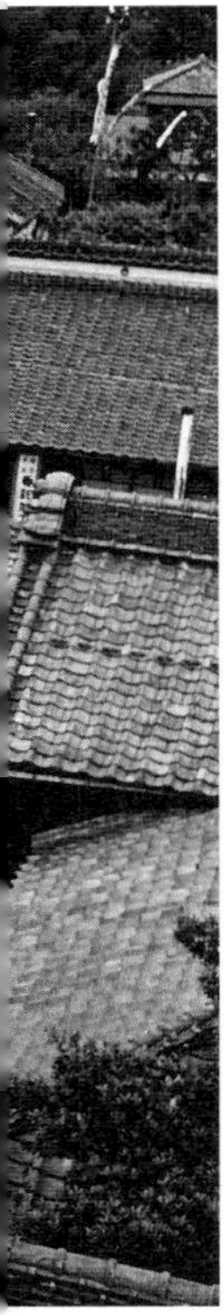

佐賀県唐津市　昭和33年3月

和歌山県粉河町　昭和30年1月

埼玉県川越市　昭和30年5月

奈良県五條市　昭和33年2月

東京都墨田区向島　昭和22年4月

OFF LIMITS
V.D.

東京都練馬区上石神井　昭和31年8月

◀東京都港区飯倉片町　昭和28年12月30日

19——— 街並みと暮らし

埼玉県桶川市　昭和37年3月

東京都墨田区向島　昭和22年4月

東京都　谷端川　昭和33年8月

東京都墨田区向島　昭和22年

東京都中央区佃島　昭和29年2月

井戸端

いま、「井戸端会議」という言葉だけが残る。
その実態は、井戸を共有する家の女性たちが、水汲みや洗いもので出くわしたときのおしゃべりにほかならない。その作業時間がほぼ同じなのだから、出くわすのが当然。挨拶だけですむはずがない。ときに、おしゃべりがはずむのも、また当然のことだった。
それを、無駄話ときめつけてはならない。人と人は、日々顔をあわせて話すことで、「共存」の安心を得るのだ。
「隣は何をする人ぞ」。それも、都市における一方の生活であった。昨今は、農村においてもそれに近くなった、という声を聞く。そこでは、外出時の施錠はもとより、防犯灯とか防犯ブザーで自衛をはからなくてはならない。かつての井戸を共有する生活からすると、それは無駄な心配ということになろう。
互いに顔をさらし、生活の一部をさらす。それがあるからこその「困ったときの隣人《ひと》頼み」、「遠くの親戚より近くの他人」なのである。
井戸端は、相互扶助のきずなを深めただけではない。また、はからずも生活の節約をもすすめた。だいいち、そこでの水を節約しなくてはならない。もちろん、使い捨てをしようにもモノがありあまっていたのではない。だが、つつましく暮らすことが、暗黙の生活律というものであった。
文書での通達でもない。スローガンの連呼でもない。しかし、そうした生活律がそこでは徹底していた。その曖昧にして絶妙のやりとり。その毎日の積みかさねが、尊かったのであろう。
してみると、町内の秩序づくりは、おおむね婦人たちが主導するものであった。むろん、男たちも連帯を怠っていたわけではない。夏であれば、銭湯帰りの涼み台。碁をうち将棋をさしながら、婦人たち、子どもたちのあれこれを話題としていた。

会議室も議長もない会議。その機能を忘れてはならないだろう。

山梨県富士吉田市　昭和36年5月

佐賀県多久市　昭和33年3月

東京都足立区千住　昭和28年11月23日

東京都墨田区向島　昭和28年5月

東京都中央区銀座　昭和22年11月13日

▶東京都港区飯倉片町　昭和28年12月

チャンバラごっこ

カブト虫がデパートで売られるようになるとは、誰が予想しただろうか。

そのころ、公園や空き地の樹木には、カブト虫がいた。だが、子どもたちが、それを競ってまで採っていたかどうか。たしかに、木綿糸をつけたカブト虫同士を闘わせたりはした。それを家で飼っていたかどうか。そこまでは、していなかったのではないだろうか。

室内にこもっての遊びよりも、屋外での遊びが優先された。雨が降らない日であれば、空き地にも路地にも子どもたちの歓声や足音があふれていたものだ。

男の子たちは、ご多分にもれずチャンバラごっこ。おもちゃの刀など持たなくてもよい。棒きれや竹の棒でチャンチャンバラバラ、チャンバラバラ。ヒーローは鞍馬天狗から赤胴鈴之助まで。やがて、月光仮面が登場し、ライダーごっこへ。

それは、子どもたちによる子どもたちのための遊び空間であった。よほどいたずらが過ぎないかぎり、大人たちは干渉しない。

けんかもあった。いじめもあった。しかし、血を見るほどの陰惨な事件にはならなかった。それは、ひとつには年長の子どもたちが遊びを仕切っていたからである。年長の子どもが年少の子どもをいじめるときは、余裕をもって手加減をする。年少の子どもたちは、悔し涙をうかべながらも、その手加減の具合を知った。けんかも、口げんかからとっくみあいまで。殴る蹴るは、違反とした。そこでも、年長の子どもが行司役となった。

屋外の遊びのなかで、けんかやいじめのルールを知る。同年の者同士では、体力も知力

香川県多度津町　昭和30年12月

も似通ったものだからそうもゆくまい。子どもの遊びも、民俗学でいう年齢階梯《かいてい》にしたがってこそ健やかだったように思えるのである。はて、女の子たちは、と問われたら返答に困る。ゴム飛びや缶けりでは一緒だったが、小学校も高学年になると、男女は別。たぶん、女の子たちも健やかに遊んでいたのだろう。

東京都北区王子付近　昭和27年5月13日

東京都千代田区九段北　靖国神社　昭和28年4月25日

▶東京都千代田区九段北　靖国神社　昭和28年4月28日

東京都墨田区向島　昭和28年10月11日

福島県三春町　昭和38年12月

駄菓子屋と縁日

街角に駄菓子屋があった。

いまでも残っているところがあるが、そのころは町内ごとに見かけた。

その名が示すとおり、駄菓子売りにはじまるのだろう。昭和三十年代には飴玉一個が一円、キャラメルなら二個で一円。煎餅は、厚焼大判が一枚で一円。薄焼きなら二枚で一円。時どきそれが買えるのが、子どもの幸せというものだった。

男の子にとっては、メンコにビー玉。一度に何枚も何個も買うことはできない。五円分か十円分、それで絵柄や色を取り合わせる楽しみがあった。

正月前にかぎって、凧や独楽《こま》、羽子板やかるたなど少し値のはる買いものができた。平生は、無駄遣いしようものなら店番をしている鼻眼鏡のおばあさんが、ジロリとにらんで「正月まではがまんしな」と一言。それでいて、誕生日がくると「飴玉一個、どれでも好きなものを選びな。おめでとう、よ」。

それを逆手にとって、「おばあちゃん、今日が僕の誕生日だよ」と、一年に二度の請求をしてしかられたワルもいたっけ。

祭りや縁日の露店でも、同じように駄菓子や玩具を売る。そこでも長居をして無駄遣いを重ねると、テキヤのおじさんがやんわりと皮肉る。「お屋敷からお忍びで出ていらっしゃったお坊ちゃまやお嬢ちゃん。これ以上は、他人《ひと》の目もある、お友だちの口もある。あたしの儲けはもう要りません。どうか緞子《どんす》のお財布をおしまいくださいな。はい、ハイヤーでじいやさんがお迎えだ」。

そんな粋なテキヤのおじさんも、フーテンの寅さんとともにいなくなったなあ。

夜店がにぎわった。この夜ばかりは、親も

東京都墨田区向島　昭和29年1月5日

公認の夜歩き、夜遊び。闇は恐いが、裸電球の明かりが気をそぞろに浮きたたせる。青年に成長すると、好いたあの娘を目で誘う。「社前より裏がにぎわう何とやら」だ。

東京都板橋区　昭和32年1月3日

東京都墨田区向島　昭和28年5月5日

東京都墨田区向島　昭和29年1月5日

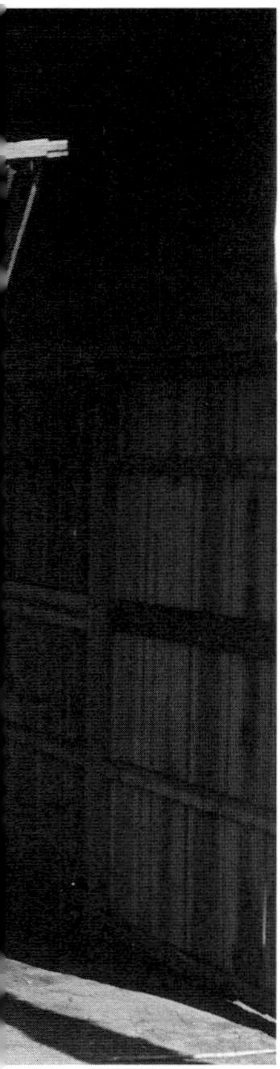

買い食い

外食は、屋台店にはじまる。江戸期の江戸の町からである。

はじめは、そば。次に、すし。やがて、天麩羅や鰻も登場した。そこでは、酒のぐい飲みが派生した。それが、のちに小店や料理屋に発達するのはいうをまたない。が、屋台は屋台として残り、今日まで伝わる。

とくに、戦災からまちが復興するころ、屋台が多く店を出した。そういえば、経済が高度成長をなすまでのその時期は、江戸初期と似ているのではないか。あちこちで杭打ちの音や釘を打つ音がする。荷車が行き交う。職人たちがはばをきかす。地方からの出稼ぎも多い。勤め人たちも、残業に追われながらも、その手当を期待して休まない。都市に働く男たちの目が輝いていた時代なのである。

しかし、彼らの懐《ふところ》具合は、なお乏しい。それに、時間の余裕もない。座敷に上がって散財することは無理な相談。ささっと飲み食いをして職場や家庭に戻らなくてはならなかったのである。

そこに、屋台店での立ち食いや立ち飲みの必然があったのだ。

市場《いちば》がマーケットとその呼び方を変えるころ。そこにも、まだ立ち食いの習慣が伝えられていた。とくに、子どもたちにとっては、それが楽しみであった。大阪ではたこやき、東京ではコロッケか。一個売り、それを古新聞でつくった袋に入れてくれた。それをフーフー吹きながら立ち食いしたのがなつかしい。

東京都台東区上野　御徒町ガード下　昭和22年4月

現在も変わらないではないか。子どもや若い人たちが、ハンバーガーやアイスクリームを買い食いしているではないか、と。だが、ちょっと違うのだ。かつての社会が許容したのは、立ち食い、立ち飲みまで。歩きながらのそれは、衆目が許さなかった。それに、包装紙や容器をぽい捨てすることもなかったぞ。と、貧しくもそのつつましさがいとおしいほどだ。

夜なきそばのチャルメラの音《ね》も、このごろは聞かなくなった。

大分県犬飼町　昭和30年2月

神奈川県川崎市　昭和30年4～5月

東京都足立区千住　昭和29年2月21日

洋服
神田九段下
富士久

東京都千代田区九段　昭和27年3月

坂の町

東京には坂が多く、大阪には橋が多い。当然のことながら、それが地名にも通り名にも反映している。そして、それは都市の性格形成にも関係する。東京は「官」が中心の都市、大阪は「商」が中心の都市といわれるところに、坂と橋が作用しているのである。

東京の坂について見る。それは、山の手と下町を区切る。あるいは、つなぐ。

山の手は、江戸期には大名屋敷や旗本屋敷が多く在るところであった。屋敷地には、広い庭がある。全体的に見ると、緑地帯。明治以降は、そこにとどまる人たちもいたが、その多くが公的な施設に転用された。政府や軍関係の施設をはじめ、学校、病院、博物館など。霞が関は、そうした山の手の南はずれに位置する。つまり、庶民の生活領域とは異なる風景を呈するのである。

下町は、商工業の地であり、庶民が生活する地である。それも、かなりの密度で施設や人家が建てこんでいるところで、もとより緑地は少ない。

道路ももともとは、山の手側のそれは直線的で広かった。そして、それが下町地域に下って東海道や中山道《なかせんどう》につながっていた。むろん、下町側でも商店が並ぶ表通りは、広く整備されていた。しかし、全体的には狭い路地が入りくんでいて、自動車の往来には永く対応ができなかった。

山の手と下町をつなぐ坂道は、これも永く整備が及ばなかったところが多い。勾配がきつい坂は、雨水が路面を削る。そこに石段をつけて対応したところもあるが、そうすると荷車が通行できなくなる。かつて、荷車といえば、何よりも肥車《こえ》（肥桶車《こえたご》）の通行が優先された。近郊の農村から糞尿の汲み取りに来

東京都港区赤坂　昭和33年

る。その肥車が坂の途中から逆向きに下って糞尿をあたりにまきちらした、という話も伝わる。

現在は、ほぼ完全舗装。それでも、雪でも降れば即交通マヒが起きるのも坂が多い東京ならではのことである。

東京都港区赤坂　昭和33年

盛り場の風景

東京都中央区銀座　昭和36年11月26日

東京都中央区銀座　昭和36年11月26日

神奈川県横須賀市　昭和30年4～5月

宮城　石巻市の繁華街（昭和33年4月）

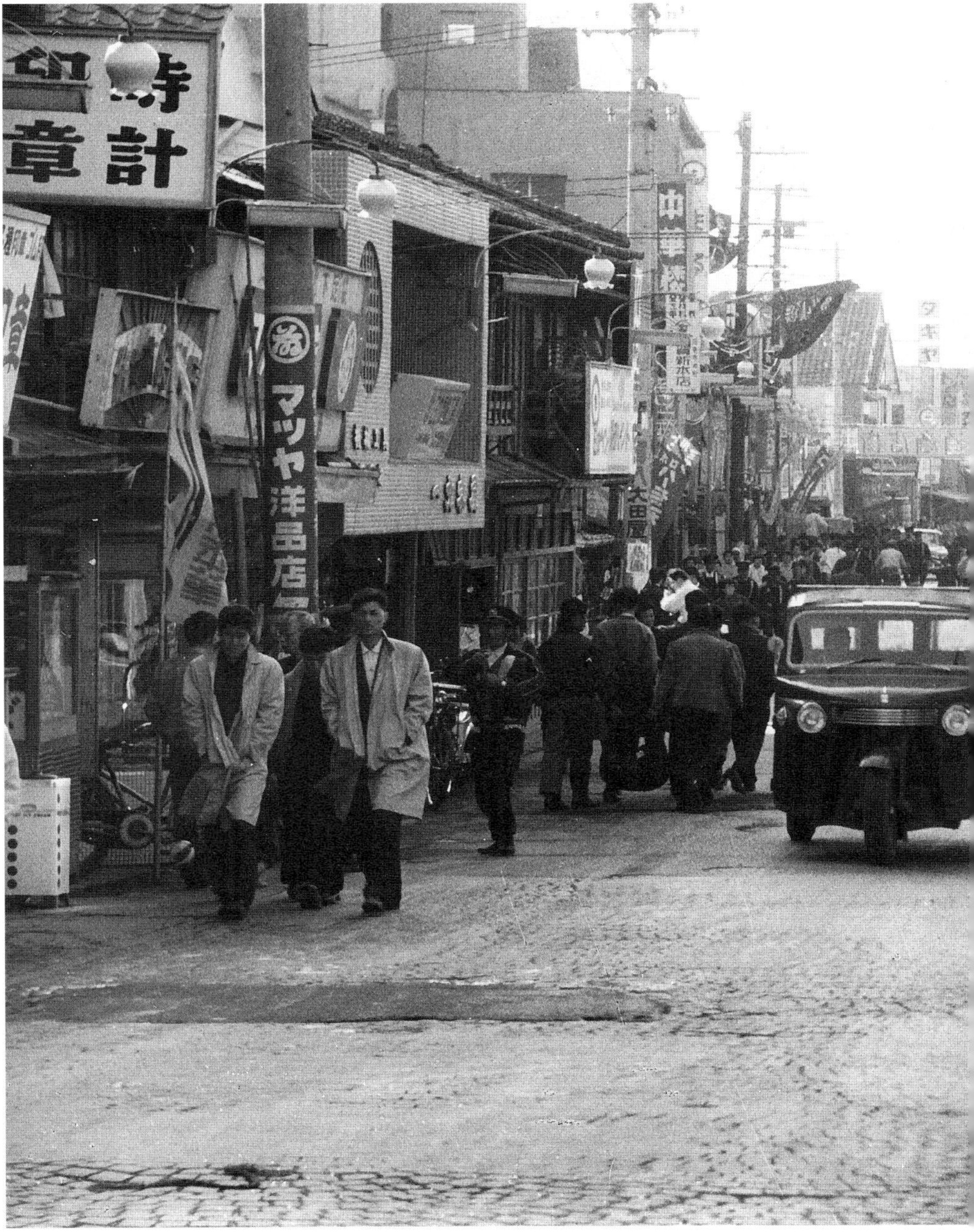
時計
マツヤ洋品店
中華
大田屋

人が集まるということ

盛り場とは、人が盛《さか》るところ。不特定の多数が集まるところである。それによって、商売も盛る。つまり、繁昌の街区のことである。

なぜ、人が集まるのか。

何かいいことがあるから。つまり、楽しめるから。たとえれば、祭りや花見や花火。そこには、神輿《みこし》や花や火などの「華」がある。そして、露店《みせ》が並んでいて買いものや飲食ができる。ただそれは、その時期、その日をかぎってのこと。盛り場は、それが日常化した装置系なのである。

毎日が、祭りのようなもの。都市ならではの祝祭空間なのである。

華は、ウインドウのディスプレイ。あるいは、イベントの演出。そして、ネオンのきらめきなど。

盛り場には、昼のそれと夜のそれとがある。昼のそれは、繁華街。老若男女が買いものや観劇、食事などに集まる。

夜のそれは、歓楽街。酔客の蛮声、ホステスの嬌声が飛びかう。老人や子どもは、足を踏みいれにくい街区である。

都市は、匿名《とくめい》性の強い空間である。そのなかでも夜の繁華街は、もっとも匿名性が強い街区である。氏素性を問うことがほとんどない。それを問わずに避けるところで、たとえば擬似的な恋愛や賭博的な行為などさまざまな遊戯が展開するのである。

流行歌から演歌が独立して扱われだしたのが、昭和四十年代。それから二十年ほど、演歌全盛の時代がつづく。演歌は、いいかえれば恋唄。その舞台は、ひとつは旅であり、もうひとつは夜の盛り場であった。

人は、とびきり華やかなところに集まる。人は、とびきり怪しげなところに集まる。そ

東京　新宿（昭和26年6月20日）

して、そこでの浪費をいとわない。その不思議な行動様式が盛り場をなりたたせているのである。

福井県福井市　昭和37年7月

大阪府大阪市　昭和27年

東京都中央区銀座　昭和28年2月

埼玉県浦和市　昭和30年5月

東京都中央区築地　昭和28年12月

東京都新宿区　昭和28年4月

東京都新宿区　昭和26年6月20日

東京都新宿区　昭和26年6月

あいまいな場所

民俗学でいうところの「ハレ」は、特別な日時、あるいは特別な行事のこと。つまり、非日常の事象をいう。

それに対して、日常を「ケ」という。

かつて、とくに農山漁村においては、ハレとケの区分がはっきりしていた。ハレの日は、皆が仕事を休み、晴着を着て酒食を楽しむ。ケの日は、皆が汗にまみれてそれぞれの労働に励む。それから外れて、ケの日にハレの行動をとる者をタブレ（人）と呼んだ。異常の人という意味である

しかし、都市においては、そんなに解析が単純ではない。まわりの人が働いているのに、着飾って芝居見物に出かける人がいる。ギャンブルに興じる人がいる。昼間から酒宴を催す人もいる。それは、農山漁村にあっては、タブレとして疎《うと》まれることだ。が、都市にあっては何人もいるのである。そして、それを日常的に許容する街区が存在するのである。

盛り場にほかならない。常設の盛り場は、都市にあって農山漁村にあらざる要素なのだ。

その盛り場にも、ハレの要素とケの要素が混在する。そこへめかしこんだり、きどったりして足を運ぶ客は、もちろんハレの側。ところが、そこで働く店員や板前やホステスたちは、いかに美しく装おうが、いかに丁寧な言葉づかいをしようが、それは商売用。毎日の労働の場であるということでは、ケの側にある。

客にとっても、そこに行く直前までの勤務や家事は、ケの要素。そこから電車で自宅に帰るところからが、またケの要素。一日のなかで、ケのあいだに盛り場で過ごすハレの時間がはさまれている、ということになる。

と見れば、ややこしい。あえてややこしく

説こうというのではない。盛り場とは、人生の場である、とあらためてとらえ直しておきたいのである。

の、生活のさまざまが混在している「ケハレ」

東京都墨田区向島　昭和22年4月

東京都渋谷区代々木神園町　明治神宮　昭和35年1月1日

東京都千代田区九段北　靖国神社　昭和28年4月28日

東京都中央区銀座　昭和25年3月4日

◀東京都台東区浅草　昭和35年1月1日

映写機と空気銃

東京都中央区日本橋横山町　昭和28年12月6日

内田商店
流行を創る店
つるや

買い物の楽しみ

通信販売による新商売が台頭したのは、昭和も四十年代のこと。新聞や雑誌にその広告が載るようになった。はじめのころ、カメラや時計が目玉商品であった。

その販路が拡大し、商品も大型化するのは、宅配便システムが定着してからのことである。そして現在は、インターネットによる販売チャンネルが開発されつつある。

むろん消費者にとってみても、便利であるに相違ない。産地と直接に結ぶ。何よりも、いちいち外出せずともすむ。

しかし、人びとの購買欲は、どうもそれだけではおさまりそうもないのである。いわゆるウインドウ・ショッピングなる楽しみを放棄することができにくいようだ。

とくに、戦後の復興期から経済成長期にかけて、人びとの購買欲はかぎりないところがあった。より利便性の高い生活を求めて、デパートや専門店街に人びとがあふれた。

そこで標語化したのが、「三種の神器」。はじめのころが、テレビ、冷蔵庫に洗濯機。それを備えた生活が、文化生活と呼ばれた。

そうしたところの人びとの顔は、明るかった。それまでに入手できなかったものを買う、あこがれが現実のものとなる、その充実感があった。それは、次なる豊かな生活を求めて、働く意欲をかきたてることでもあった。

本来、買いものの楽しみとは、限られた金をやりくりして商品を十分に選んで求めることにあるはずだろう。あれこれ迷うことも、楽しみのひとつ。その結果、じんわりと、あるいはにんまりと喜びがわきあがる。一方の衝動買いには、しばしば後悔がつきまとう。

なのに、経済の成長期を過ごすうちに、買いものをする人びとの表情から明るさが消えたように思える。飽食ならぬ飽物。モノあまり。そこでは、急を要さないものまでを買う。マスメディアの情報にあおられて買う。人びとの内からわき出る買いものの楽しみが後退してきたように思えるのである。

東京都新宿区　昭和26年6月

三越
中華料理
紳士服
貸
買入
山城商會
フルヤ
呉服
やまと
酒の家
吉田屋
喫茶
酒
吉田屋

東京都新宿区　昭和28年4月

▶東京都新宿区新宿　昭和28年4月

路上の人

終戦後しばらくのあいだは、浮浪者も多かった。家を焼かれ、家族は離散。仕事にも食べるものにもあぶれた人たちが、所在なげに、そこを行き来する人たちを眺めていた。ぼろをまとったみなしごもいた。

中国地方でいちばんの都会に祖父母に連れていってもらったとき。デパートの前で、白衣を着てひざまずくふたりの男を見て、どうしてか足が動かなくなった。

かたわらに松葉杖が置いてあった。前には鍋があった。ひとりの男は、眼を宙にさまよわせてアコーディオンをひいていた。

あの人は誰なのか、何をしているのか、と祖母にたずねた。手を強く引かれ、たしなめられた。あとで、傷痍《しょうい》軍人の義捐金《ぎえんきん》集めであることを教えられた。

二十歳にまだ間があるころ、帰省の途中、名古屋で列車を下りた。駅裏でしばらく時間をつぶすことにして、路地づたいに歩いていった。街灯はあるが、さほど明るくはない。旅館やホテルが立ち並ぶ一角に人影が三つ四つ。煙草の火影《ほかげ》がせわしなく動く。厚化粧の年増顔が近づいてきた。こんなところを歩かないで、帰って勉強してな、と毒づかれた。

そんな路上稼ぎの人たちの姿を見なくなって久しい。いや、かたちを変えて伝わるか。

アクセサリーの路上売り。キャバレーやサロンの呼びこみ。そして近隣諸国からの出稼ぎ女性たちの客引きなど。とくに、夜の盛り場には、路上稼ぎが伝えられているのである。

しかし、昨今の路上でのホームレスにジベタリアン。それぞれに事情はあろうものの、他人の地所でのわがもの顔の散らかし放題。それは、都市をスラム化する非日本的な文化なのかもしれない。

東京都台東区上野　御徒町ガード下　昭和22年4月

正月映画才1弾
総天然色
豪華2本立
シナトラ
魅力3本立
ドン・ハガーティ
たばこ
不二洋子
吉田興業株式会社
天満座
女剣劇
合同公演
後援会

東京都台東区浅草　六区　昭和35年1月

高知県室戸市　昭和29年11月頃

大阪府大阪市　昭和28年3月

映画館の時代

昭和三十年代は、映画の黄金時代だった、とはよく言われる事実である。

それも娯楽映画の全盛。チャンバラ映画にアクション映画。青春ロマンに盛り場の哀愁。サラリーマン物語や怪獣シリーズもあった。一般には二本立て、土曜には深夜までの四本立て興行もあった。

都会では、映画館が二、三軒、それ以上も立ちならぶ街区が形成された。

新聞に広告欄があったものの、いまほどに情報が多いわけではない。その街区に足を踏み入れて、看板やポスターを見てから財布と相談する。それが、多くの人の楽しみ方であった。

そういえば、デートにも映画鑑賞が定番化していたのではなかったか。映画を観ながらはじめて手を握った、などというご記憶をおもちの方も多かろう。

チャンバラ映画やヤクザ映画を観たあとの男たちは、肩をいからせて闊歩したがる。映画館を出るときの、そんな姿もいじらしい。

野球が国民的なスポーツとして認知されたのも、その時代だ。そのあとのテレビの普及がより拍車をかけたが、都市にあっては、テレビ以前から人びとが野球場に足を運んでいた。プロ野球も高校野球も注目を集めたが、大学野球が人気の的となっていた。

なかでも、東京六大学。スター選手のブロマイドが、プロ野球選手以上に売れたほどである。

野球場では、歓声と拍手。それにヤジ。いまのように鳴りものは使わない。ときに、スタンドでのヤジ合戦がおもしろかった。そこには、歌舞伎での掛け声のようなものもあれば、漫才での掛けあいのようなものもあった。

総じて、皆が純情だった。そこで、泣き、笑い、激した。映画館全体が、野球場全体が、固唾《かたず》をのみ、またわきにわいた。現在は、映画では芸術鑑賞を、野球ではメガホン合戦を強要される、そうした傾向にある。楽しさも中くらいなり、喜怒薄し、だ。

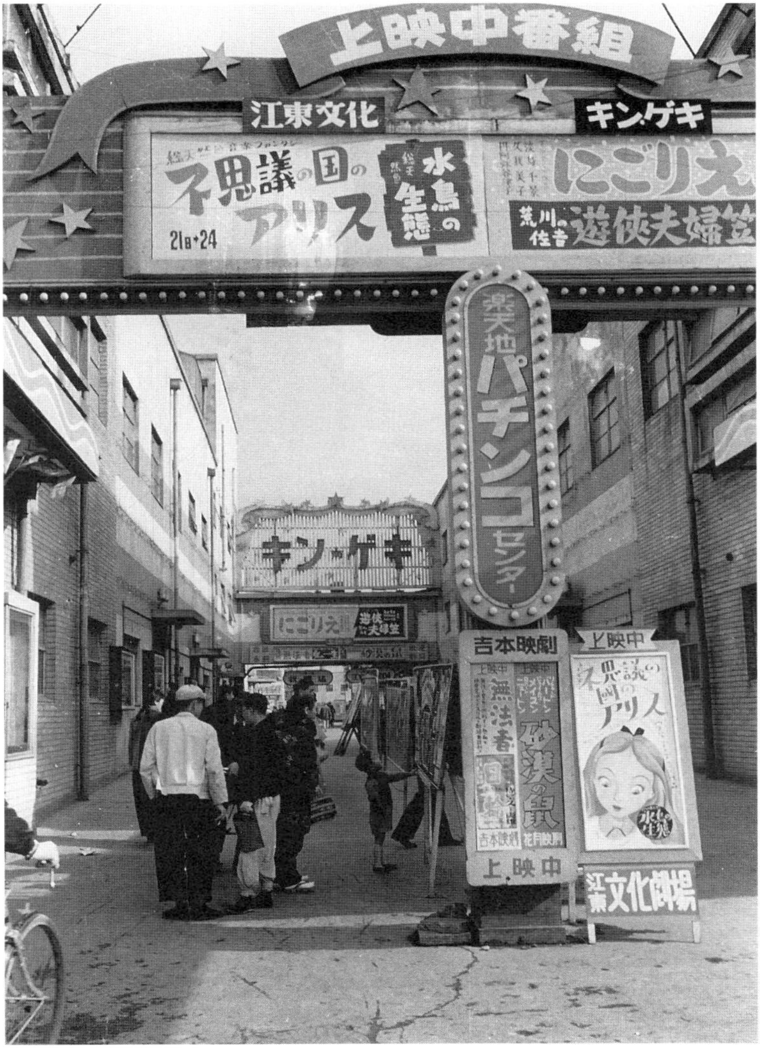

東京都江東区　昭和28年11月23日

東京都港区新橋　新橋駅から　昭和24年10月30日

東京都中央区日本橋兜町　昭和36年11月14日

東京都千代田区丸の内　昭和36年11月24日

和風ビジネス街

ビジネスなる言葉は、戦後、とくに高度経済成長以後、常用されることになった。ビジネスマン、ビジネスライク、ワールドビジネスなど、いかにもアメリカ色の強い言葉である。そこには、アメリカに追従しての企業近代化、あるいは企業国際化への夢が託されていた。

しかし、何事もビジネスライクにはゆかないもの。金融ビジネスだの副業ビジネスだの、ビジネス割引だのビジネス街だの、和英複合語がはびこることになった。

それは、文明たるビジネスの和風化現象であった。

ビジネス街を例にとろう。

ビジネス街とは、別にオフィス街。そして、ビル街。ビルの中に、企業の生産部門でなく、営業部門や総務部門が入っているのである。当然そこで働くのは、スーツ姿のホワイトカラー。コンピューター機器の導入もいちはやく、そこまでは、まさしくアメリカ化、文明化。

だが、机に着くと靴をサンダルにはきかえる人がいる。お茶の時間に、誰彼がどこやらにいったときのみやげの菓子が配られる。そして、夜ともなれば、客の接待。会食ではすまないで、二次会、三次会とくりひろげられる。下っ端の役人や会社員たちは、焼鳥屋やビアホールで職場や上司を肴にうさばらし。少し類型的にすぎてはいようが、経済の高度成長期までは、おおかたこんなようすであった。

ビジネスの和風化といわずして何とする。しかし、そうした職場家族主義や取引談合戦略が、この時代の日本の企業に国際的な競争力をもたらしたことも、またたしかである。

しかしそれが、しばしば周辺社会の不特定

東京都千代田区　日比谷付近　昭和27年1月17日

の人たちに犠牲を強いることにもなる。いわゆる、公害。それへの抗議や訴訟がたえずニュースになったのも、この時代である。ビジネス街に外見は似つかわしくない抗議集会の決起の声が響きわたり、訴訟団の座りこみが続けられたのも、「近代文明化の二十世紀」の終焉を予告するできごとであった。

愛知県名古屋市栄町　昭和30年9月

大阪府大阪市　御堂筋　昭和28年3月

神奈川県川崎市　昭和30年4〜5月

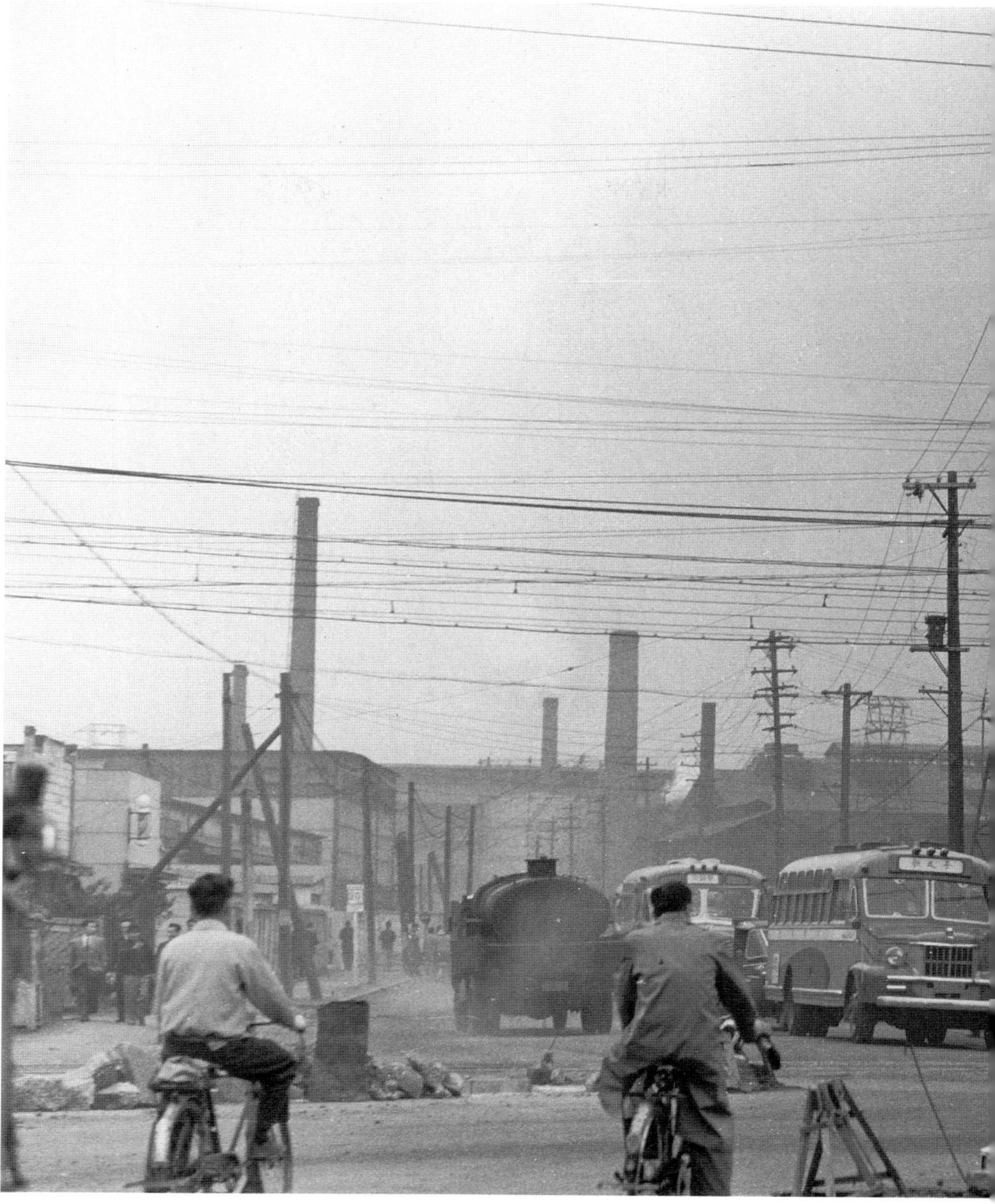

抗議する人びと

六〇年安保に七〇年安保。いうまでもなく、それは政府の日米安全保障条約改定交渉に対しての阻止行動であった。その前後、各所で集会やデモが相次いだ。デモ隊と機動隊の衝突により、痛ましい犠牲者が出たことも、私どもの記憶にまだ新しい。

そこには、多くの学生が参加した。いわゆる学生運動だが、やがて、安保反対から大学改革、ついには革命を標榜《ひょうぼう》するようになった。学園闘争が頻発するようになり、学園封鎖が相次いだ。

そして、結果はむなしいものだった。学園闘争の結果、大学がよくなったかどうか。それは、現代の標準的な教官や学生たちの無気力な表情をみれば、いわずもながのこと。

しかし、その時代の学生たちは、元気であった。暴力的な行動はともかくとして、公の正義を唱えて、それに殉じる意気があった。それは、現在の学生たちと比べてみての明らかな違いだ。

そのことは、勤め人についてもいえること。そのころ、労働争議も盛んであった。炭坑や国鉄やその他の労働組合がストを打つ。とくに、交通ストなどは、はた迷惑なこと。なのに、利用者もそれを支持しないまでも、やむなきところがある、と黙認した。そのところで、労働運動の社会性が支持されていたのだ。

このデモの頻度も、まちならではであった。とくに、道を占拠し、抗議の声をあげる解放感は、むらでは味わえないものであった。

ところが、これもやがて無気力なものへと後退した。慢性化したあげく、このごろはメーデーの日さえ、家族そろって楽しめる日曜に変更しようという。

東京都千代田区　皇居前広場　昭和22年5月1日

衣食足りた、ということなのか。もちろん過激な闘争のない平和な時代は、尊いこと。だが、あの学生運動や労働争議は、こんな平和を目指していたのだろうか。

東京都千代田区霞が関付近　昭和31年5月

東京都世田谷区　昭和23年12月

駅とみち

東京都墨田区向島　東武曳舟駅　昭和29年1月5日

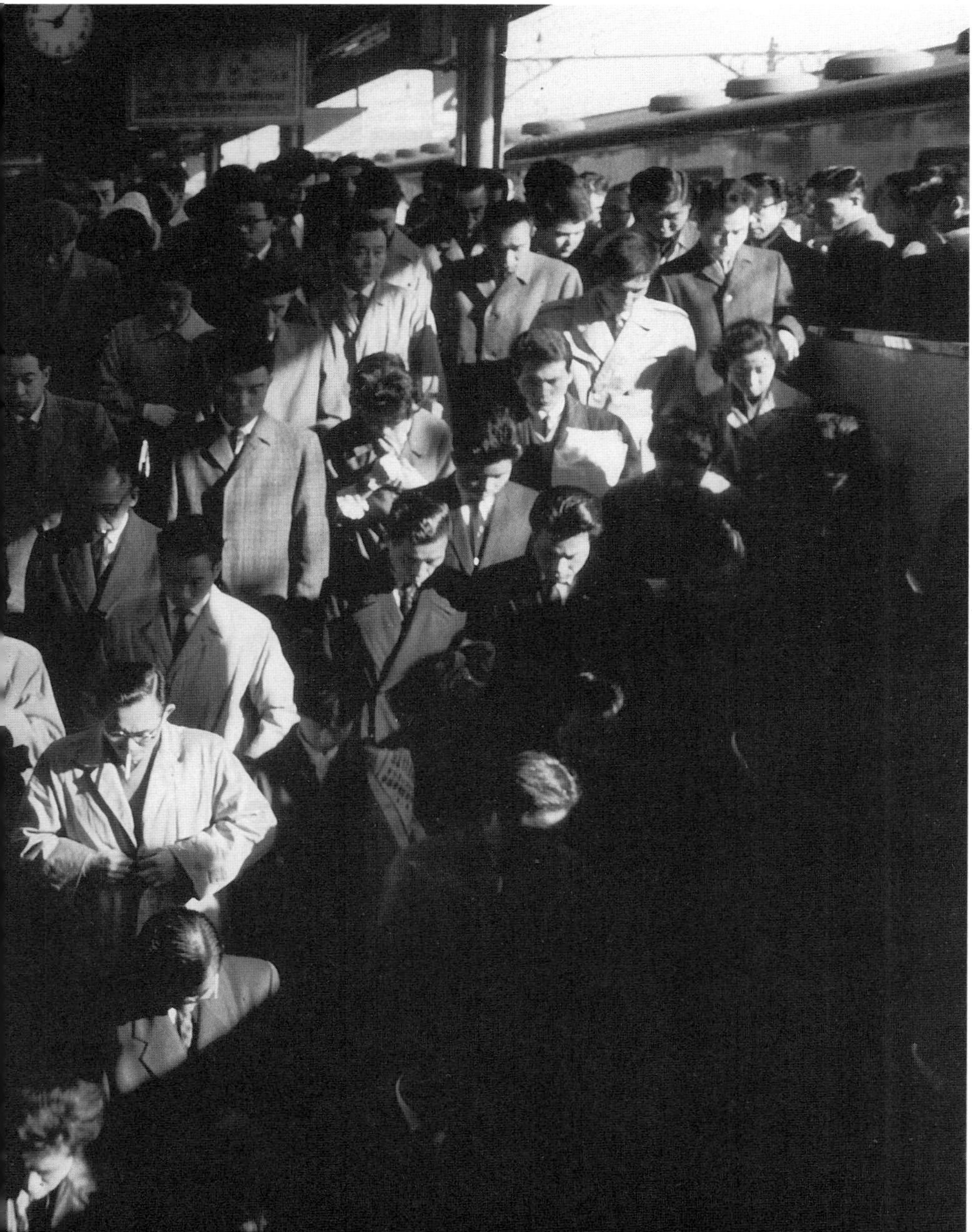

東京都千代田区丸の内　東京駅　昭和36年11月25日

駅のルール

昭和三十年代後半に、農村人口と都市人口の逆転現象が生じた。

都市は、郊外に膨張。郊外から都市の中央部に通勤や通学をする人が急増した。ブルーカラー、ホワイトカラー、そのいずれもが電車やバスを利用して通勤していた。マイカー通勤も出てきたが、それはしばらくのちのこと。そして、いまも割合としては多くない。

通勤者の急増が、というより通勤者が増えつづけることが、通勤ラッシュを生む。一方で、電車が増発されるものの、混雑を解消することにならない。路線が延長され、都市は外へ広がりつづけていたのである。

とくに、東京のそれが顕著なのは、言うまでもない。東京と大阪の両方での通勤体験者が、大阪でのそれは新聞が読める程度だが、東京ではむつかしい、と言う。慣れない人は、ラッシュアワーの電車やバスに乗り降りするだけで疲れてしまう、と敬遠する。私も、そのひとりである。

通勤者は、それに慣らされる。そこに身を置く以上、慣れるしかない。そのコツは、流れにのることだ。皆と同じ歩調で歩く。そして、体をかたくしないことだ、と言う。隣から押されても、あえて押し返さず踏んばらず。それも給料のうち、としなくてはならない。

そこで、手を握っただのお尻をさわっただの、痴漢さわぎがあとをたたない。だが、まわりは見てみないふり。正義はどこに、とも批判しきれない。我が身を守るのが精一杯、か。

千葉県船橋市　船橋駅　昭和30年8月

駅には常設の、立ち食いスタンド。朝食を家でとらずに出勤する人がいかに多いか、だ。誰やらの調査によると、そこで立ち食いに費やす時間は、平均三分四〇秒とか。まるで戦場並みではないか。いや、そうなのだ。彼らには、企業戦士なる称号が与えられているのである。

東京

埼玉県浦和市　浦和駅　昭和30年5月

愛知県一宮市　新一宮駅　昭和27年10月

埼玉県草加市　昭和30年8月

大阪府大阪市　大阪駅　昭和27年

滋賀県坂田郡　米原駅　昭和27年6月

東京都千代田区丸の内　東京駅　昭和27年2月

栃木県日光市　東武日光駅　昭和26年9月

東京都千代田区丸の内　東京駅　昭和28年1月

見送り

駅や港、それに空港。そこは、旅に出る人と旅から帰る人との交叉点でもある。

旅への出立には見送りが、旅からの帰還には出迎えがある。そこでは、出会いと別離がくりかえされる。

旅が難行とされていたころ、見送りにはデダチという儀式があった。村はずれとか峠まで皆で送り、別れを惜しむ。生きて帰れるかどうかわからないので、水盃を交わす。時代を経ても、戦時中の出征兵士の見送りには、その惜別の情が交わされていた。

旅がより安全なものとなり、大衆化するのが江戸時代。そこで、水盃の儀式が酒宴にかわる。見送りがサカオクリ、出迎えがサカムカエ。餞別とみやげも習慣化した。

集団就職が盛んだったのが、昭和三十年代。「ああ上野駅」なんて歌謡曲が流行した。

就職先の都会の駅には、周旋業者や雇い主が幟《のぼり》を立てて出迎える。

プラットホームでの歓迎セレモニーには、たしか駅長も出席していたはず。中学を卒業したばかりの子どもたちは、全員が黒の学生服姿。緊張と不安のあまり泣きだす者もいた。それを見た外国人の記者が、日本にはまだ少年志願兵の制度が残っている、と驚いたとか。

空港での見送りや出迎えがしだいに増えてきたのもこの時代。やがて、海外渡航の自由化。空港が本格的にターミナル機能を果たしてにぎわいだした。

海外旅行がまだめずらしいころ、サカオクリの習俗がまた復活した。空港まで見送り、レストランやロビーでビールで乾杯。餞別を包んで渡したものである。

大分県別府市　昭和30年2月

餞別をもらうから、みやげを買って帰らなくてはならない。その伝統は、海外旅行においては、チョコレートとスコッチ（ウイスキー）を定番化させた。

しかし、それも今は昔のターミナル風景。集団就職が姿を消し、海外旅行が大衆化して久しい。

香川県高松市　昭和30年12月

千葉県銚子市　昭和30年8月

東京都中央区佃島　昭和26年頃

山形県酒田市　昭和29年8月

福岡県北九州市　門司港駅　昭和37年6月

東京都渋谷区渋谷　昭和28年11月

待ち合わせ

「有楽町で逢いましょう」は、当時流行した歌謡曲で、映画にもなった。

そのタイトルバックだったと思うが、足元に吸いがらが次々と落とされる場面があった。

待ちあわせの場所として一般的なのが、駅。ところが、駅の場合は、改札口もいくつかあって指定がなかなかむつかしい。そこで、東京駅では銀の鈴を、上野駅では翼の像を設置することになった。次に一般的なのが喫茶店。とくに、駅の近辺には必ずといっていいほど、喫茶店が二、三軒はある。

喫茶店がカフェーの流れをくむとすれば、明治末から大正期にかけていちどは広まった都市の社交場ということになる。しかし、カフェーは、その呼称とは異なり、洋酒類の饗応と女給の接待を主とした。したがって、そのところでは別の業種とした方がよい。そういえば、それを表してか「純喫茶」なる呼称が用いられる。喫茶店は、戦後の都市風俗のなかに位置づけられるべきものなのだ。

かの「有楽町で逢いましょう」も、じつは屋外での待ちあわせをうたってはいないのである。そこでも、舞台装置は、雨の日の「ビルのほとりのティールーム」。それは、男女が平等、自由に公然と待ちあわせができる時代の到来を如実に物語っている。男女七歳にして席を同じうせず、とした江戸時代以来の道徳律は、ここにぬぐわれたのである。

「しかし」、とアメリカ人で女性の日本文化研究者が疑問を投げかける。「なぜ、日本の喫茶店は、かくも薄暗いのか」と。「まだ、男女の逢い引きや商売の談合は、うしろめたいとしているのではないか」と。

やがて、その薄暗い喫茶店が後退。ガラス張りの明るい喫茶店へと移行するのである。

東京都墨田区東向島　京成曳舟駅　昭和28年10月

東京都中央区　京橋交叉点　昭和23年3月頃

京橋

群馬県高崎市　高崎駅前　昭和30年3～4月

石川県金沢市　金沢駅前　昭和30年10月

愛知県豊橋市　昭和30年9月

神奈川県戸塚市　昭和30年9月

踏切

大都市には、何カ所か「開かずの踏切」なる通行の難所がある。現代は、鉄路の高架化が進み、それも少なくなった。

カン、カン、カン、カンと警報機の音が鳴りつづける。遮断機が降りはじめる。そのころあいを見極めるのが、都市で生活する者の、ある種の習い性となっている。

田舎から出てきた者は、当初はそこで足がすくむ。だが、都市になじんでくると、他人を見習いながら、きわどく踏切を渡るすべを覚える。

待つのは面倒とばかりに走りぬけようとする、なぜか買いものに行き帰りのおばさんたちが多かった。夏のまだ日差しの強い夕方の光景が記憶に鮮明だ。ワンピースに前掛け姿、素足に下駄ばきで買いもの籠を小脇にかかえたおばさんたちが、髪をふりみだすように走り抜ける。これには、男どもの判断力や脚力もかなわないところがあった。

そのとき、ピーッ、と踏切番のおじさんが笛を吹く。手には赤旗。こわい顔をして、もういちどピーッ。

そういえば、あのころの警報装置は「手動」だったのだ。それゆえに、踏切番がはりついていなくてはならなかったのだ。

交叉点での交通整理も、同様であった。台の上にお巡りさんが立って、東西にピーッ、南北にピッピッピー。せわしなく手を動かしたり回したりしながら自動車を誘導する。

やがて、踏切の無人化。交叉点での交通整理の無人化。いいかえれば、遮断機の自動化、信号機の自動化。それまでは、自動車くらいにしか「自動」の二字が冠せられていなかっ

東京都中野区　鷺宮駅　昭和31年8月

たのに、何かにつけて自動の時代がきた。自動ドア、自動洗濯機、自動振り込みなどなど。むろん、便利にはなった。だが、そこでは人と人のほのぼのとした情の交換はなくなった。学生時代、下宿していた町の踏切に、「子猫もらってくださる方、この踏切のおじさんにお問い合わせ下さい」というかわいい女文字の貼り紙があった。

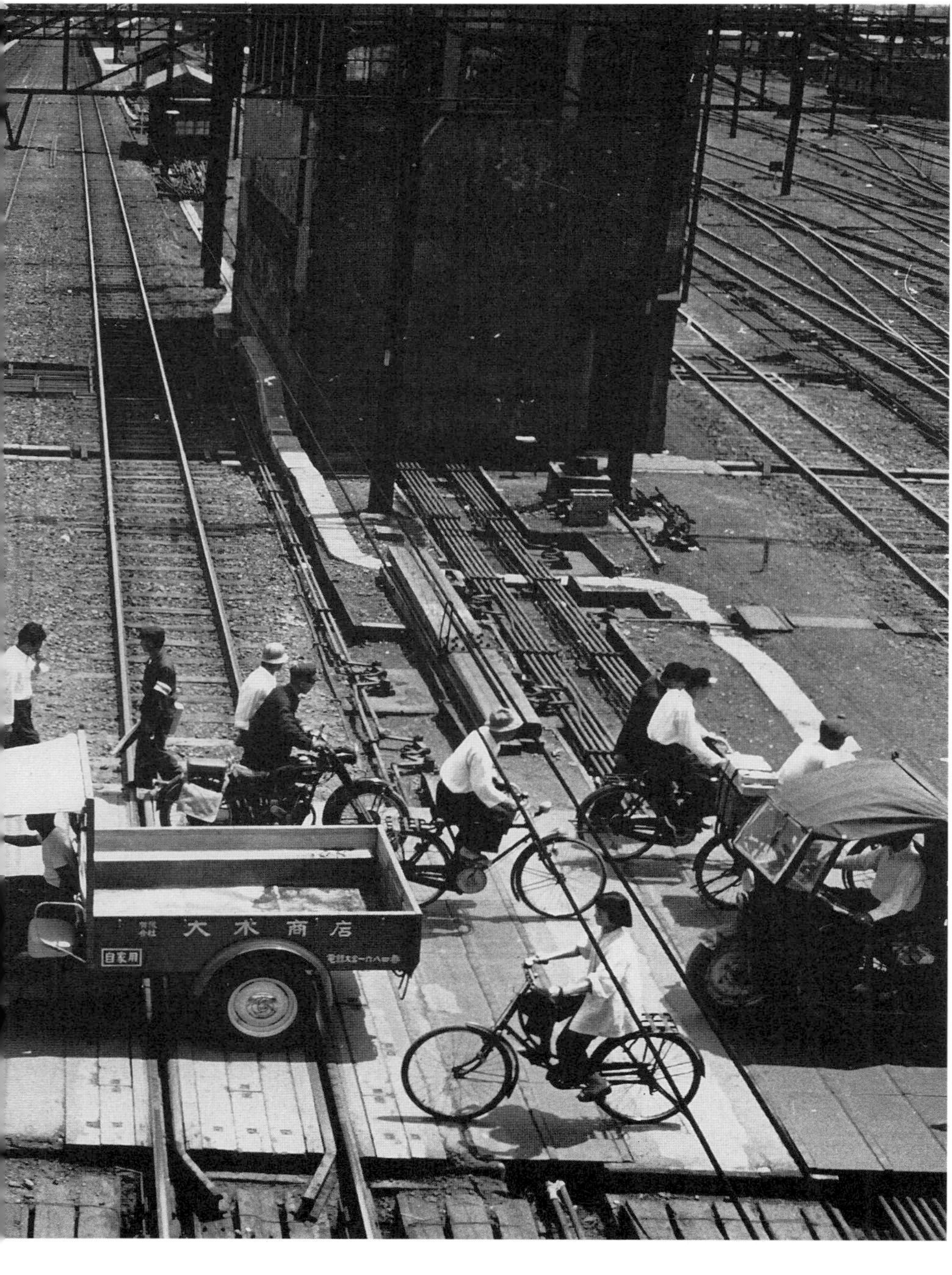
大木商店
自家用

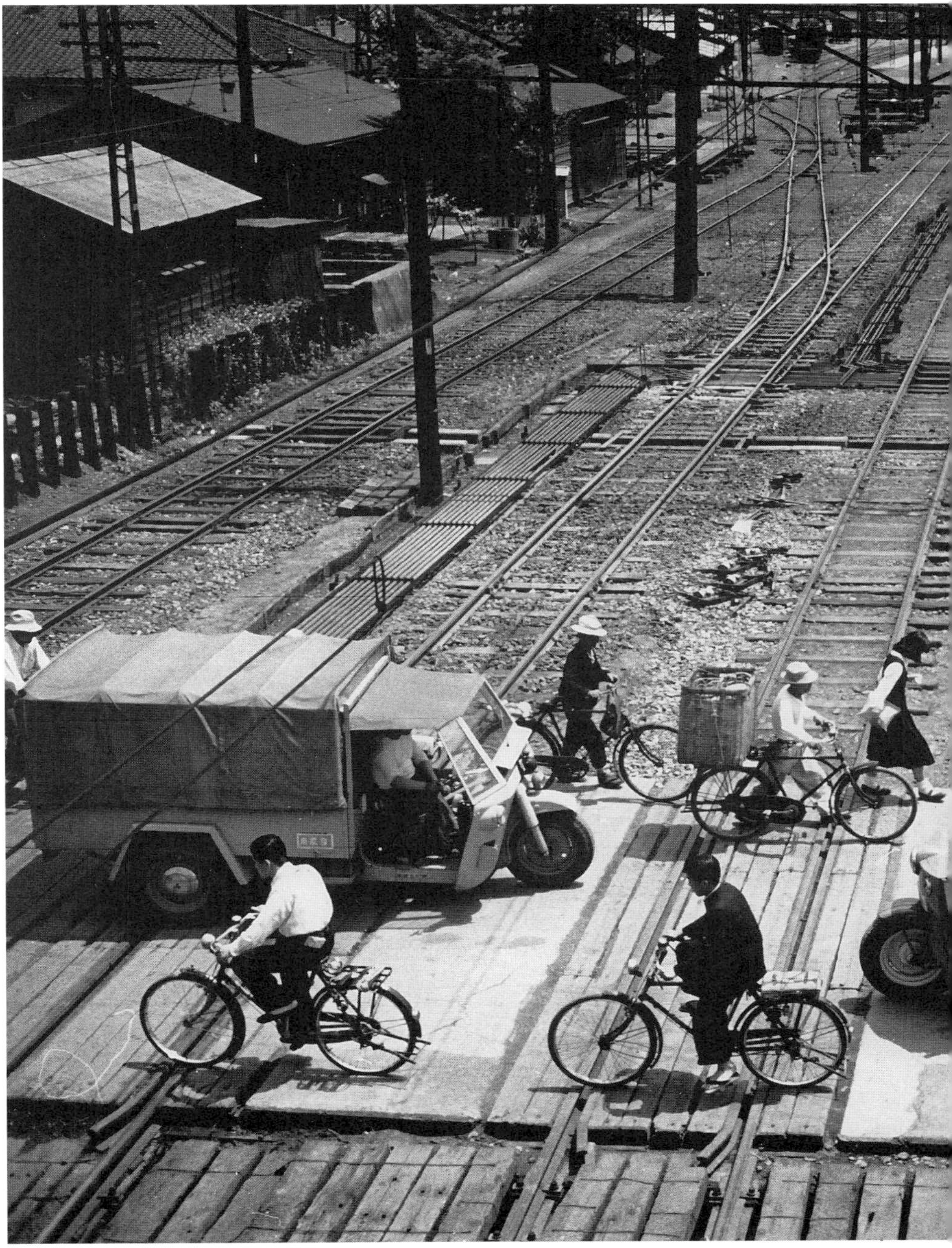

埼玉県大宮市　大宮駅　昭和30年5月

大分県佐伯市　佐伯駅前　昭和30年2月頃

高知県高知市　昭和29年11月

交通機関の盛衰

列車が蒸気機関車に引かれて駅に出入りしていたころ、駅前にもまだ自動車が少なかった。信号機もほとんどなく、したがって交通渋滞もめずらしいできごとであった。

自動車は、丸っこいアンコ型。バスも、ボンネット型。それに、路面電車。現在とは比較にならないほどスピード感に乏しい、のどかな駅前風景であった。

何よりもその時代の象徴は、オート三輪なる小型自動車。前輪がひとつ、ハンドルはバイクのそれと同じ。運転席のうしろに二人掛けの座席。トラックなら小さな荷台。はじめのころは、屋根が幌《ほろ》、脇ドアはなかった。

民放のテレビが普及するころでもあった。関西のお笑いタレントによる番組が人気をよんだ。その番組が終わるころ、オート三輪がスタジオ入り。出演者がおどけて車名「ミゼット」を連呼する。ミゼットの名は、またたくまに広まり、オート三輪の代名詞になった。

やがて、四輪自動車が全盛となり、オート三輪は姿を消した。だが、どっこいオート三輪は現在に生きている。東南アジア各地で、もっとも便利な乗りものとして使われているのである。なるほど、暑い東南アジアなら、脇ドアがなくてもよいし、狭い裏路地を行くには小回りのきくそれが便利である。

さらにその前身に人力車がある。これも、東南アジアでは「リキシャ」という呼称とともに、自転車のうしろに座席か荷台をつけたものが現役で活躍している。

交通の発達は、より速く、より快適に。だが、ときどきレトロ現象も。観光地を結んで蒸気機関車が走り、駅前にボンネット型のバスや人が曳く人力車が客を待つ。だが、ついぞオート三輪を見ることはない。

東京都中央区日本橋　昭和37年4月

日本 硝子

東京都中央区八重洲　鍛治橋か　昭和36年11月14日

石川県輪島市　昭和41年5月

京都府京都市　昭和35年11月

かつぎ屋

「かつぎ屋」の専用車両があった。

東京であれば、京成電鉄の朝一番、上りの前寄り車両。背負い籠の上に段ボール箱や風呂敷包みを重ねた荷と、それをかつぐおばさんたち。ここでのかつぎ屋は、おばさんたちに決まっていた。

常磐線の列車にも、かつぎ屋のおばさんたちが多かった。

かついで運ぶのは、野菜に芋、豆の類。漬けものや餅など。おばさんたちが自分の家で作った農作物とその加工品である。

千葉県下の農村部から東京は下町の町家への日々の行商は、関東大震災の直後からはじまる。それまでの食料品の流通経路が大方絶たれ、復興もままならないとき、いうなれば人海戦術が自然発生したのである。

そうしたとき、女たちの持続力には、いまさらにして目をみはるものがあった。男たちもかつぎ屋行商に出たが、市場が落ちつくにつれて、廃れてしまった。だが、女性たちは、得意先とのつながりをのちのちまで大事にする。もちろんそれは、農村部の女性たちにとっても都合のよい小銭稼ぎではあった。

女性たちのかつぎ屋行商は、第二次世界大戦後、ふたたび隆盛をきわめることになった。先の京成電鉄の専用車両ができたのも、このときである。

戦時中から戦後にかけて、おばさんたちは、米も運んだ。得意先からぜひにと頼まれると、断りきれなかった。当時は、米が統制品。市場の米不足は慢性化しており、闇値は天井知らずであった。おばさんたち以外にも、にわか仕立ての闇米行商人が列車に乗りこんだ。そのさわぎに巻き込まれて、乗車を拒否され

千葉県千葉市　千葉駅　昭和30年8月

たり、荷物を取りあげられたおばさんたちも少なくなかった。
　そして、現在。さすがにその数は減ったが、まだ早朝の電車や下町の路地裏で彼女たちを見かけることがある。おばさんは、皆おばあさんに。彼女たちこそ、農村と都市の両方をよく知る「昭和」という時代の、得がたい語り部なのである。

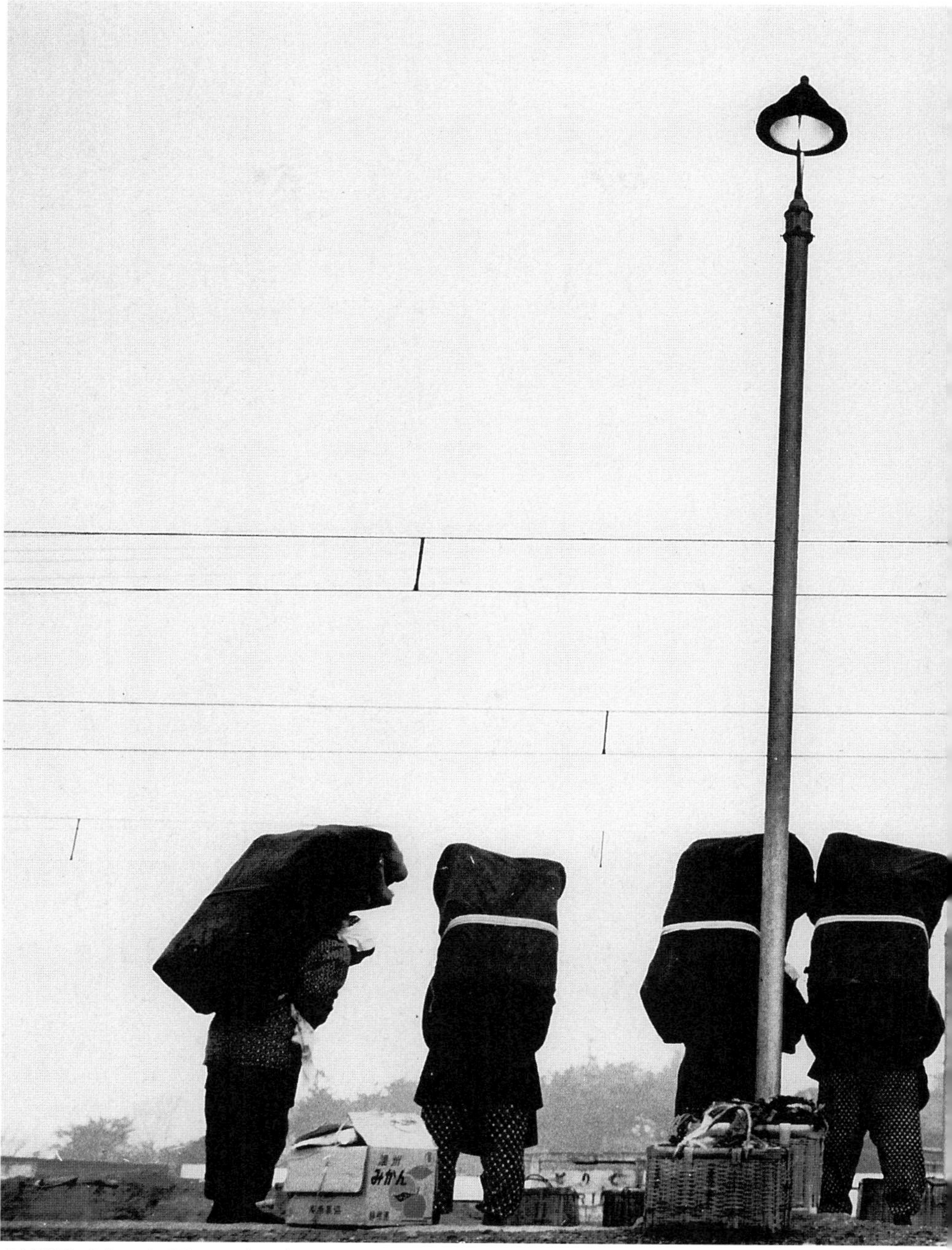

茨城県取手市　取手駅　昭和24年10月30日

石川県金沢市　昭和30年

福井県三国町　昭和44年5月

まちとむらのつながり

地方にあった中小都市。そこは、村むらからの道や川の集まるところであった。

その道や川を人びとが往き来し、あわせて物資が運ばれる。まちが「市」と表記されていたころからの営みである。

まちに出る、そのとき、むらの人たちは構える。まちの商人《ひと》には気をつけろ、とまでは言わない。が、まちではむらの日常にないことが起きる。いうなれば、まちは何ごとにつけせわしない。むらの人たちは、それに合わせようとして、あるいはそれに巻きこまれないようにと気を構えるのに相違ない。

むらに住む多くの人にとって、まちはハレ（非日常）の空間であった。あれこれ品選びをしながら買いものができる。昼間から誰はばかることなく、ごちそうを食らい酒を飲むこともできる。映画を観ることができるし、パチンコで遊べる。気構えながらも、一方で気楽しめたのである。

それはいまも変わるまい、と言うなかれ。現在は、ケ（日常）とハレの距離がずいぶん近くなっている。気構えることが弱いだけ、気楽しむことも薄い。かつて男たちは、まちに出たときは遊郭への登楼もできたのである。

まちからむらに通うのは、まず行商人。三日とおかず家々を巡り歩くのが魚の行商。季節ごとに巡るのが薬の行商や衣類の行商。長年なじむと、親戚も同様の信頼関係が生じる。行商人が嫁や婿の世話をすることもめずらしくなかった。

秋祭りのころになると、まちから露店商人や修理職人がやってきた。ちなみに、商人をアキンドというのは、収穫したての米を交換に求めて、さまざまな商品を持ちこむ「秋（来

石川県能都町　昭和30年

る）人」が語源、との説がある。

まちとむらは、離れていながら結ばれているという不断の関係を歴史を通じて維持してきたのである。

現在、その道の多くは、むらからまちへの通勤・通学街道と化している。

愛知県一宮市　昭和30年

◀山形県酒田市　昭和29年8月

Shoe

薗部 澄の軌跡

薗部さんは、終戦直後から一貫して「生活」を撮ってきた。かたくななまでに、それを撮り続けてきた。

薗部さんが写真の世界に興味をもつのは、昭和十八（一九四三）年のことである。海外向けの陸軍の宣伝雑誌『ＦＲＯＮＴ』を出版する「東方社」に入社。そこで、写真界の草分け的な存在だった木村伊兵衛氏の撮影助手をつとめた。

戦後は、木村氏に従って名取洋之助氏の「サン・ニュース・フォトス」に入り、本格的に写真を撮りだした。昭和二十五（一九五〇）年、岩波映画製作所に移籍。『岩波写真文庫』が発刊されることになり、その専属カメラマンとなったのである。ちなみに、『岩波写真文庫』は、戦後の復興期の日本の社会風俗を写真によって紹介しようとしたもので、のちに出版界のひとつの流れとなるグラフ情報誌のはしりといえるものであった。

昭和三十二（一九五七）年、薗部さんは、岩波映画製作所を退社しフリーとなる。岩波写真文庫の取材は、そのテーマごとに方々に出かけていって、それなりに楽しいものだった。が、薗部さんが深く興味を抱いたところでも、時間的な制約があって取材を途中で諦めざるをえない。もう少し日数をかけて居すわれば、そこに住む人たちの心情をも描くような写真が撮れるはずなのに、という思いが募っていった。食べものや郷土玩具などへのあらたな興味が派生し、食べ歩きや郷土玩具の収集もしてみたくなったからでもあった。

フリーになって、薗部さんは、さらに丹念な撮影行を続けていった。戦後、産業の近代化によって、地方ごとの伝統的な景色が大きくかわろうとしていた。田舎にも画一的な開発の手が入り、あるがままの風景から美しさや穏やかさが削除されていく。まさにそんな過渡期であった。

いうなれば、薗部さんは、日本人の「ふるさと」を撮り、残しておこうとしたのである。

しかし、薗部さん自身のふるさとは、東京にあった。

薗部さんは、江戸っ子である。中央区の佃島に生れ、以後もおもにそこで育った。薗部さんの頑固な職人気質は、もちろんそれと無縁ではあるまい。

昭和のはじめごろの佃島は、完全な漁師町であった。ハゼやアミなどの小魚を獲って築地の市場に出す。ある者は、佃煮に加工する。佃煮の香りが町全体に漂っていた、という。
薗部さんの原風景は、佃島にある。とくに、隅田川への思いが強い。
昭和十九（一九四四）年、非常召集により水戸の連隊に入隊した薗部さんは、その後、フィリピンの最前線に。しかし、間もなく敗戦、昭和二十年十二月、やっとの思いで復員した。佃島の家へ帰ろうとして勝鬨橋までたどりついたとき、隅田川のにおいがぷうん、と臭ったのだという。川にもにおいがあることを、そのときはじめて知った。それをはじめてかいだとき、ああ俺は生きているんだと思った。だから、このにおいを写真に撮りたいと思った、と薗部さんがしみじみ言ったことがある。以来、薗部さんは、音とか香りにこだわり続けてきた。
薗部さんが被写体とする風景は、ただ視覚的に美しいというものではない。人が自然を愛おしみ、歴史を通じて手を加えながら共存する、そうした風景を薗部さんは好んで被写体としてきた。
戦後、とくに昭和三十年代から四十年代にかけての風景はめまぐるしくかわっていった。その変化と新旧の共存を、薗部さんは写真にみごとに切りとっている。たとえば、東京の下町には長屋や路地など長く戦前の風景が残った。人情、人づきあいも残った。路地で遊ぶ子どもたちの表情は無邪気に明るかった。それに対して、新宿、渋谷などの都心部では、ビルが建ち、道は舗装され、馬車にかわって車の姿が目立つようになった。だが、それでもビルの手前にバラック小屋が立ち並ぶ、あるいは駅前に肥桶が積んである、というように、そこにも土着の暮らしがあった。薗部さんの写真からは、そうした都会の息吹が伝わってくるのである。においや音がそこはかとなく感じられるではないか。それは、まさに都会に生れ育ち、都会に深い郷愁を抱く薗部さんだからこそ撮り得た風景であった、と思えるのである。

故郷回想編

はじめに

むら——という共同体があった。と、過去形でいわざるをえないのが、いかにもさみしい。

「うさぎ追いしかの山」にしろ、「母《かあ》さんが夜なべをして」にしろ、その情景は明らかに過去に追いやられてしまった。まさに、「ふるさとは、遠く」なってしまった。

情景だけではない。人情も変わった。

現在、道を歩いている人がほとんどない。たまに出会っても、立ちどまって親しく会話を交わすことがなくなった。小学生も中学生も、登下校の途上では、出会う人ごとに挨拶をしていたものだが、その習慣もなくなった。それを嘆いてもはじまらないが、はて、そこまでむらが変わる必要があったのだろうか。

昭和三十年代のころから、向都離村。町村合併、列島改造。そしてむらの崩壊、ふるさと喪失。ここに掲げる写真は、その変化しきらない時代や地方のむらの表情を伝えるものである。

むらの表情

福岡県柳川市　昭和35年4月

熊本県波野村　昭和38年7月

京都府伊根町　昭和41年7月

▶山形県櫛引町黒川　昭和40年9月

わが山は緑

私ども日本人は、山を絵に描くとき、ほとんど例外なく緑に着色する。それも、頂上部まで青々と。そんな山が、ごく身近に存在するのだ。

農村だけに限らない。漁村でも、山が身近なところにある。

なかでも山容のすぐれた山を「オヤマ」と呼んできた。ミヤマ、オンタケ、ミタケなどともいう。カミが棲み、ホトケが集う山とした。その山が美しく眺められるときは、人びとの心も晴れた。労働に励んだ。その山が何日も眺められないときは、人びとの心も曇った。忌み籠って日月の再生を願った。それが日本人の信仰のひとつの原型だ。

山を見る。積雪の融け方や山桜の芽の吹き方で農作業の開始をはかった。昭和も三十年代のころまでは、各地でそうした「山見」が伝えられていた。

農村では、稲作のために水の確保が大命題だった。私どもの先祖は、池をつくり川をせきとめ、引水をはかってきた。それでもなお、天水によるところが大きかった。そして、雨不足で渇水の折にはオヤマに登って、雨乞いの祈禱を行った。

山は川に通じ、川は海に通じる。

日本というこの国では、山彦と海彦の交換《かえごと》伝説が広まっている。山の幸と海の幸は、対の言葉といってよい。山村に住みながら、誰もが海の存在を知っていた。

私も、山村に生まれた。小学校の三年生のとき、むら内の小学生の何人かで、バスを乗り継いで海水浴に出かけた。

はじめて海を見て、はじめて海水に浸って、奇妙な気分におちいった。いうなれば、おどろきよりもなつかしさ。そのことを、大学生になって漁村出身の友人に話した。彼も、はじめて山地の親戚の家に泊まったときに同様の気分を味わった、といった。

日本人は、皆がどこかで親戚同士なんだ、と笑ったものである。

茨城県新利根町　踏車による揚水　昭和37年4月

山形県　最上川　昭和29年8月

石川県小松市　着ござ　昭和30年

◀和歌山県和歌山市　昭和30年2月

茨城県波崎町　昭和37年4月

鹿児島県　種子島　昭和29年10月

佐賀県鎮西町　昭和33年3月

石川県白峰村　昭和30年

茨城県桜川村　昭和34年9月

宮城県栗駒町　麻の機織り　昭和42年5月

むら人の顔

このごろ、いい顔をあまり見かけなくなった。そう思いませんか、ご同輩。

たとえば、政治家に品性を求めることはせんないこととしても、おしなべて卑しすぎないか。かつて、大人《おとな》たるもの粗にしても卑にあらず、といった。個人の欲は、ほどほどに、だ。

中国や韓国に行くと、大人《たいじん》の顔に出会う。たくましくも清い顔に出会う。その割合は、日本での比ではない。しかし、ああ、一時代前の日本にもこんな大人顔が稀ではなかった、と、つくづく思う。

「雨ニモマケズ、風ニモマケズ」。なるほど、宮沢賢治はいいことをいっている、とあらためて思う。それは、とくに農村における農民の生き方にほかならない。かつて、日本の農村にはそうした生き方をする人が多かった。愚直に、そしていさぎよく、さらに心やさしく。それをことさら意識せず「分相応」とした。

長寿のおじいさん、おばあさんにたずねてみる。愚問ではあるが、その人生の秘訣は、と。頭をひねりながら返ってくる言葉は、だいたいきまっている。「ほどほどに」「くよくよせず」「うらまず、にくまず」だ。つまり、分相応に、ということなのだろう。

かつて、おじいさんは頑固、と相場がきまっていた。好々爺を売りものにする、そんなおじいさんはいなかった。

そして、おばあさんは、やさしかった。その役割をたがえることがなかった。

農村にあっても漁村にあっても、ケ（日常）とハレ（非日常）の区別がはっきりとしていた。とくに、女たちにとってのハレの日とは、化粧をしておしゃれを楽しむ日であった。それも、さりげなくほどほどに。しかし、ふだんとちがうその表情に、子どもたちは敏感に反応した。おっ、うちの母ちゃん、なかなかなもんや、と。

それは、双方にとってしあわせのひとときであった。

岩手県平泉町　昭和32年9月

岩手県雫石町　ヒゴモをつけた女性　昭和32年9～10月

山形県温海町　日よけのハンコタナをかぶる　昭和29年8月

高知県土佐市　昭和29年11～12月

鹿児島県馬毛島　昭和29年10月

石川県白峰村　昭和30年

香川県内海町（小豆島）　昭和30年12月

北海道苫小牧市　昭和35年5月

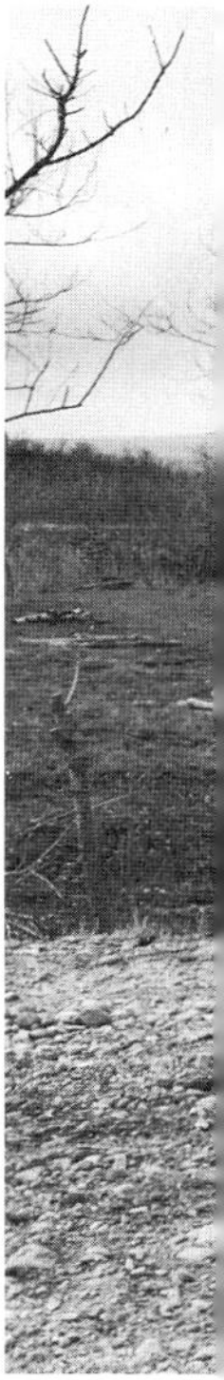

岩手県北上市　昭和32年9〜12月

働く子どもたち

子どもの本分は、外で遊ぶことにあった。家で手伝いをすることにあった。そして、学校で学ぶことにあった。

家の事情によって、その役割の配分がちがってくる。が、その三つをこなすのが子どもであった。かつての子どもであった、といい直すべきか。現在、子どもたちは、学ぶことが中心。あとの二つは、放棄気味。いや、一部の現象にせよ学校での授業放棄もあるとか。それを不幸ときめつけることはできないが、健康的でないことはたしかだ。

かつての子どもたちは、勉強もともかくだが遊ぶのもよく遊んだ。遊びもともかくだが働くのもよく働いた。とくに、農山村にあっては、子どもたちの働きが家族内の役割としてきめられていた。

たとえば、子もり。年長の娘たちは、幼い弟や妹を背負ってあやしていた。それを木かげに置いたまま遊ぶこともあったが、それはご愛嬌。学校に行くのにも、兄姉が弟妹の手を引く。あたりまえの光景だった。

体力がつく歳ごろになると、水汲み作業が割りあてられる。はじめは、バケツ。やがて、天秤棒《てんびんぼう》で水桶を運ぶようになる。ピチャピチャとはねる水をこぼさないよう、その足はこびを覚えると、あとは簡単。肥桶《こえたご》だって運べるようになる。

買いものやおつかい。峠を越えたり、川を渡ったりしたところには、きまってがき大将が待ちうける。恐いけれど、避けられない。へつらわず、けんかせず。むつかしいところだ。子どもたちなりに、外の世界を知ることになった。

結局は、宿題がついつい後まわしとなる。と、かように回顧すれば、子どもを労働に使うべきでない、と人権擁護の関係筋からおしかりをうけるかもしれない。が、それで子どもたちが得るものがあった、そのことをあわせ考えてほしい。
子どもたちの多くは、あっけらかんと笑って過ごしていたのである。

鹿児島県　屋久島　昭和38年7月

石川県白峰村　昭和30年

山形県櫛引町黒川　昭和40年4月

高知県馬路村　昭和29年

香川県内海町（小豆島）　昭和38年4月

高知県馬路村　昭和29年

高知県馬路村　昭和29年11～12月

◀愛媛県三崎町　昭和42年12月

滋賀県余呉町　昭和40年12月

福井県小浜市　地蔵盆　昭和49年8月

香川県土庄町（小豆島）　島芝居　昭和30年12月

香川県土庄町（小豆島）　島芝居　昭和30年12月

山形県櫛引町黒川　黒川能　昭和40年2月

▶山形県櫛引町黒川　黒川能　昭和40年2月

山形県櫛引町黒川　黒川能　昭和40年2月

カミとヒトの祭り

祭りは、カミとヒトが一堂に会すること。カミとヒトが酒肴を相嘗《あいなめ》ること。ハレの祝祭にほかならない。

人びとはそれに向かって気分を直し、気分を高める。農作業を片づけ、家を整える。什器や布団を買う。頭屋《とうや》や神役があたれば、忌み籠らなくてはならない。「一年に一回ほどは、それもよかろう」、「代々やってきたことだから」。

祭りには、酒がつきものである。御神酒《おみき》あがらぬカミはなし、という。日本の神ガミは、酒がお好きである。として、相伴の人びとが、この日ばかりはと酒を食らう。

古くは、酒づくりが祭りのはじまり。ゆえに、むら中の酒を飲み干さないと祭りは終わらない、とする。「さあ、飲め飲め、これは御神酒だ」、「飲まんと、カミさんのご機嫌をそこねるぞ」。

祭りにともなって、さまざまな芸能が発達する。

芸能の多くは、神事から派生した、としてよい。カミを招き、鎮め、祈り、願う。そのなかで、ときに、カミを慰撫するために歌や踊りも生じる。『古事記』のなかでのアメノウズメのごとくにである。はじめは、カミに向かってのおこないであった。それが、やがてそこに集まるヒトに向かってのカミがかりごとに転じる。さらに、それが演芸化、演劇化して今日の民俗芸能に発展する、とみればよかろう。

子どもがそこに参加するのは、無垢《むく》なる神聖性が尊ばれたからだ。たとえば、七歳までの子どもはカミの子、といい伝える。

大人がカミのふりをしようとしたら、仮面《めん》をかぶるしかない。あるいは、濃い化粧をほ

山形県櫛引町黒川　昭和40年2月

山形県櫛引町黒川　黒川能　昭和40年2月

どこすしかない。それでも、子どもにはかなわない。あとは、酒を飲んで常人にあらず、をよそおうしかないか。
ヒトがみなカミのふりして鬼や邪を切り平らげてムラが栄える——それが日本の祭りであり、日本の芸能なのだろう。

千葉県銚子市　昭和30年8月

岩手県盛岡市　チャグチャグ馬っこ　昭和35年6月10〜15日

石川県白峰村　かんこ踊り　昭和30年

和歌山県新宮市　神倉神社御灯祭　昭和30年2月3日

高知県南国市　建前　昭和29年

山形県櫛引町黒川　屋根葺き　昭和40年4月

家のつくり

民家をみると、まず屋根が目につく。日本の民家の屋根は、雨や雪が多いせいで傾斜が強い。だから、屋根の面積がいちばん大きく目だつのだ。

草屋根、板屋根、瓦屋根など、民家の形式を屋根で分類するのも一般化した。

農山村では、草屋根が多かった。その棟の止め方にいくとおりかがある。ふつうは竹を横に並べて棟の茅《かや》をおさえ、その上に千木《ちぎ》を置いて飾る。

たしか、上州のあたりであった。棟を粘土で固め、芝草をはる。そこに、鳥が運ぶさまざまな植物の種子が根づくことになる。それが、春になると花をつける。のどかな光景であった。

屋根の次には、障子戸が目につくであろう。障子戸の面積も大きい。ということは、それを開ければ中がまるみえ。しかし、冬をのぞいては、開けはなつ。中をのぞかれても、しかたない。このような民家の様式は、たとえば東南アジアの高床住宅に相通じる。北半球の温帯圏では特異な様式であった。

それは、気候に対応してのこと。日本の夏は、「熱帯」という言葉を冠するほどにむしあつい。とくに、湿気が強い。いかんとも、しのぎにくい。

そこで、屋内の通気をはかる工夫がさまざま生じた。開口部を広く、多くとるのもそうである。また、床を高く、屋根裏を広くするのもそうである。かの吉田兼好がいっている。「家のつくりは、夏を旨とすべし」と。

しかし、それでは冬がたえがたい。そこで、囲炉裏《いろり》を焚くことになる。囲炉裏には、ついぞ煙突がつかなかった。その火よりも、むしろ煙の方が大事で、煙を室内に充満させて空気を暖める必要があった。また、その煙は、柱や屋根を薫蒸して防腐の役目をする。だから、夏でも時どきに囲炉裏を焚いたものだ。

たとえば、囲炉裏があるがゆえの眼病の流行。それも、家の維持のためにはいたしかたないことであった。

山形県櫛引町黒川　雪下ろし　昭和40年2月

宮城県松島町　昭和30年7月

▶石川県門前町付近　石置き屋根　昭和30年

宮城県鳴子町　昭和33年4月

働く風景

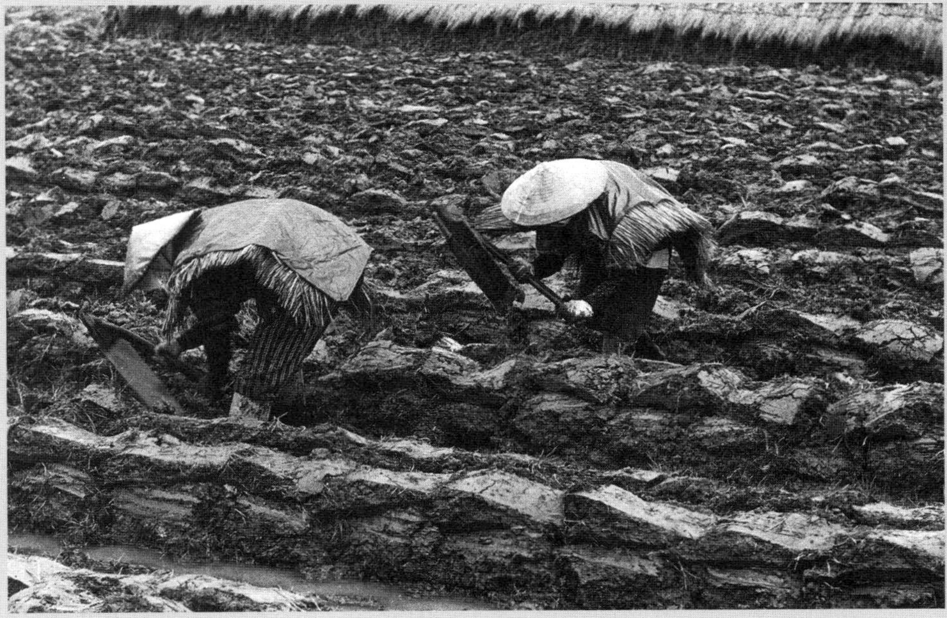

佐賀県有明町　昭和33年3月

青森県弘前市　昭和38年5月

神奈川県山北村　昭和30年

山形県櫛引町黒川　昭和40年6月6日

牛馬と働く

農作業は、長く手作業で伝わった。

むろん、道具は使う。が、たとえば鍬や鎌は、手の延長の道具であり、たえず手を動かして使わなくてはならなかった。

足をふんばり、腰をかがめて鍬を使う。あるいはうずくまるがごとくにしゃがみこんで鎌を使う。それを長時間続けると、ああーよいこらしょ、と立ちあがって腰をのばそうとしても、なかなか直立できない。

それでも、夜、疲れた疲れた、と大さわぎして子どもに肩たたきや腰もみを強要するような親もいなかったのではないか。おしなべて、人びとは強かった。日々の農作業が、強靭な体力と根気を養うものであった、というべきかもしれない。

「適当に休んだものさ」、と笑って回顧する人がいる。

そういえば、草むらや木かげで座ったり寝っころがったりする、その時間が結構長かった。だいいち、夏の日ざしが強い時間は、はなから野良へは出なかった。冬の寒い朝は、まず焚火をして、十分に暖をとってから作業にとりかかった。

「勤め人とは違うしね。強制労働や機械とも違うしね。似てるのは牛や馬か」

牛馬並に働く、といえば、一般には過酷な労働を指す。しかし、この人がいうのは違う。牛も馬も、適当に休ませながら機嫌よく働いてもらわないといけない、というのである。

牛や馬に犂《すき》を引かせる。ゆっくり、ゆっくり引かせる。鞭を打って急《せ》かせても、犂が表土層を滑るだけだ。二、三往復もすれば、とくに牛は草を食みたがる。自分も煙草を喫い

石川県　能登　昭和30年

たいな、と思ったころには、牛にも草を食わせたらいい。思えば、ごくあたりまえのことである。
　人と人、人と牛馬が阿吽《あうん》の呼吸をあわせての農作業――昭和四十年代、耕耘機の普及でその伝統に変化が生じはじめた。
　爾来、仕事を終えた人びとが、やたらと疲れた疲れたといいだしたように思えるのだが。さて、近代化とはせわしなさを強要することだったのか。

福井県大野市　昭和32年8月

茨城県桜川村　野良の食事　昭和34年9月

石川県七尾市　昭和30年

山梨県足和田村　昭和36年5月

石川県白峰村　昭和30年

石川県白峰村　出作り小屋　昭和30年

石川県白峰村　昭和30年

◀石川県白峰村　粟の脱穀　昭和30年

傾斜地を耕す

山村でも稲作は大事であった。が、割合とすれば、畑作がより大事であった。畑作に頼らざるをえなかった、というべきか。

畑は、耕して天に至る。傾斜畑が多かった。そこでは、たとえば鍬の柄は平場《ひらば》のそれよりも短いものを使う。斜面にはいつくばるがごとくにそれで耕す。腰に負担がかかる作業であった。

背負籠《しょいかご》や背負梯子《しょいばしご》が発達。天秤棒《てんびんぼう》で荷を運ぶのが量的には合理というものだが、傾斜の強い坂道や両側に樹木が迫る山道では使いにくい。山坂道での荷物の運搬もまた、辛い作業であった。

畑が家から遠く離れて点在するのは、焼畑の名残とみることができる。古く、人びとは、草木をなぎはらい、それを焼いた灰を肥料として雑穀や根菜をつくった。二、三年して土地がやせると、次に移らなくてはならない。移動式の農法である。やがて、堆肥《たいひ》で地味がよくなったところが常畑《じょうばた》化する。そこに、出《で》作小屋を建て、農繁期には仮住まいをして農作業に励むのである。

出作小屋には、ふつう若い夫婦が移り住んだ。「出作小屋は、子づくり小屋だったかな」とか。

山村でのもうひとつの労働は、山作業。夏草が茂る時季には行わない。つまり、冬の仕事。ということは、農閑期の仕事。燃料用の枝木《えだき》を束ねたり松葉を掻くのは、老人や女たちの仕事だった。

建築材の伐りだしは、はやくから企業化した。が、経営者は、まちの金もち。むらの男たちは、そこに雇われて働くことになった。

男たち銘々に大事なのが、薪《たきぎ》づくりと炭焼き。それは、換金のための作業であり、何日か山に籠ることにもなった。そこには、女や子どもが不用意に近づくことが戒められた。

刃物の狂いに火の狂い。山の神の機嫌をそこねるから、といい伝えられる。

岐阜県白鳥町　焼畑　昭和32年8月

福島県桧原村　炭焼き　昭和33年10月

長野県上松町　屋根板作り　昭和34年10月

長野県上松町　昭和34年10月

長野県上松町　昭和34年10月

和歌山県　瀞峡　昭和30年2月

宮城県鳴瀬町　テングサのゴミとり　昭和30年7月

北海道釧路市　昆布干し　昭和38年9月

三重県鳥羽市　昭和41年12月

浜の女たち

遠洋漁業が、明治以降盛んになった。
しかし、日本全体でいうと、磯漁や近海漁の伝統がなお強い。それも、船にさほど頼らない原初的な漁法が方々に伝わる。たとえば、箱眼鏡をのぞきながらの突き漁や素潜りでの突き漁。それに用いる銛《もり》の原型は獣骨製で、釣針とともに縄文の遺跡からも出土している。

女たちの漁も盛んである。岩場での貝類や海草の採集、それに海女《あま》の潜り漁。おしなべて、漁村の女たちは威勢がよい。学校を出たばかりのころ、志摩の海女小屋を訪ねたとき、さんざんからかわれたものだ。

「兄さん、学問道楽するなら、ここに養子においで。一生食わせてあげるから」

漁村からは、また女たちが盛んに行商に出た。男たちが釣漁や網漁で獲った魚を、近隣の都市や農村に売り歩いたのにはじまる。魚は、その日か次の日に売りさばかないことには収入にならない。当然、漁村の女たちは、商売に長《た》けることにもなった。

鉄道が通じてからは、女たちの行商圏も広がった。たとえば、三陸の漁村の女たちは、遠野から花巻のあたりまで。また、石見《いわみ》の漁村の女たちは、県境を越えて三次《みよし》や戸河内《とごうち》のあたりまで。しかし、大型の冷凍車がでてくることによって、こうした女たちの行商が後退することになった。ごく最近のことである。

地曳網にも、近年変化が生じてきた。

かつて、地曳網では網元の特権はあったものの、曳きにでた者には平等な分配があった。ある年齢に達したら、子どもに対しても例外視せず平等であった。網を曳き終えた浜に、人数分だけ魚が分けられる。鳥取の浜でそれ

をみたとき、ああ山地での狩りの配分と同じだな、と思った。
そこには、余剰のえものは皆でおかずに分配する合理があった。その地曳網が、現在は観光化して残存する。

千葉県白浜町
昭和30年8月

愛知県渥美町　昭和38年4月

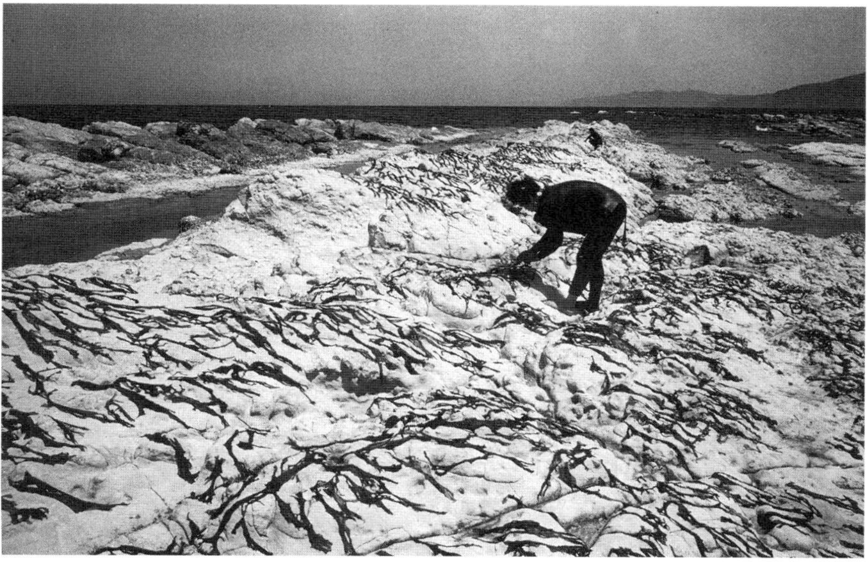

石川県輪島市　ワカメ干し　昭和44年5月

▶三重県鳥羽市　昭和41年12月

高知県土佐市　地曳網　昭和29年11～12月

石川県羽咋市　昭和30年

石川県門前町　昭和30年

香川県観音寺市　魚市場　昭和30年12月

佐賀県川副町　昭和33年3月

岩手県平泉町　炭俵編み　昭和32年9～10月

高知県春野町　西瓜の籠作り　昭和29年11〜12月

夜なべ

冬の夜は、長い。寒くもあるので、家族が囲炉裏ばたに座している時間が長くなる。

囲炉裏は、暖をとる装置であると同時に、調理の装置でもあった。自在鉤《じざいかぎ》と鉄輪《かなわ》がその道具。自在鉤に鍋を吊るし、鉄輪に鍋を置く。自在鉤は下から、鉄輪は脇から鍋をあたためる。その鍋を囲んで、家族が食事をした。とくに、寒冷な東日本各地では、それが冬の日常であった。

鍋のなかには、汁や雑炊、あるいは芋煮など。夕食の残りがまだある。それを夜食にまわす。これが、「夜なべ」。それまでの時間、何やかやの手仕事に励むのが夜なべ仕事である。

ここでも、主婦の働きがいちばんだ。毎晩のように、つくろいものがある。そういえば、このごろ洗いざらしに縫針のあとがある、そんな衣服をとんと見なくなった。あのころは、それがあたりまえ。足袋《たび》だって、指先を何度もつくろってがちがちに固くなった、そんな足袋をはいていた。

鼻緒や肩かけ紐をなうのは、おばあさんの役目。古着を裂いて、藁縄や藁紐にないこむのである。そのおばあさんの手は、藁ですれてごわごわとささくれだっていた。

男たちだって、酒を飲んでごろ寝をきめこんでいたわけではない。少し大がかりな、土間での作業は、男たちが担当した。たとえば、筵《むしろ》を編む。たとえば、竹細工をする。とくに、東北や北陸の積雪地帯では、家族それぞれに雪靴や蓑《みの》が要る。それをつくるのは、縄よりをかけるのが結構な力仕事なので、男たちの手にゆだねられていた。

子どもたちは、また別世界。兄妹は仲よくすべし、なんて誰から教わることもない。が、

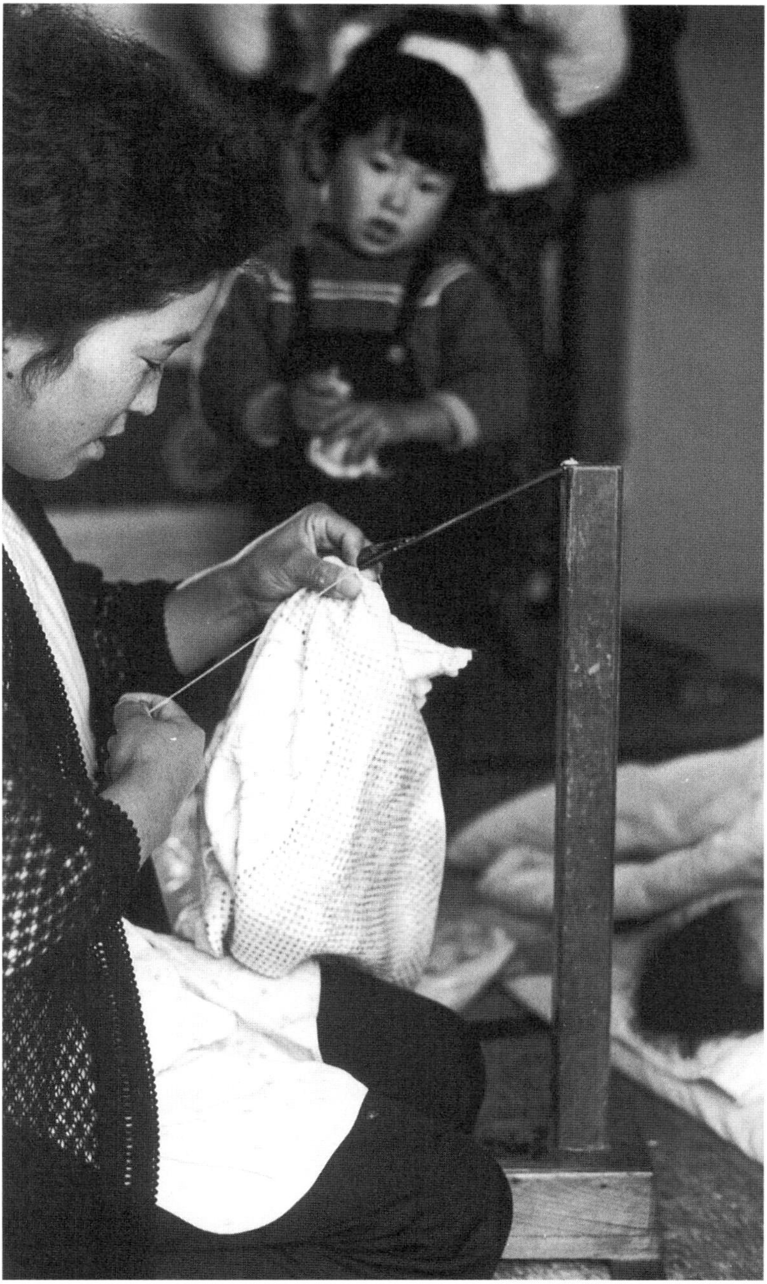

愛知県南知多町　絞り　昭和38年4月

両親や祖父母の仕事をみていれば、自然と自分たちのことは自分たちで片づけよう、と結束もする。

たまに、おばあさんが「むかしばなしでもしてやろうかな」。炉ばたが、なごやかににぎわうのである。

石川県七尾市　筵作り　昭和30年

石川県尾口村　檜笠作り　昭和30年

宮城県岩出山町　竹籠作り　昭和33年4月

石川県小松市　着ござ作り　昭和30年

山形県　最上川　わらじ作り　昭和51年6月

山形県鶴岡市　雪ぐつ作り　昭和48年11月

鹿児島県坊津町　昭和44年8月

兵庫県青垣町　糸紡ぎ　昭和38年8月

埼玉県本庄市　糸紡ぎと機織り　昭和36年12月

石川県輪島市　輪島塗　昭和30年

手わざ

半農半工、というがごとく、多くの農村で多くの農民が手職を身につけていた。

それも、当然のこと。藁製品にしろ竹細工にしろ、また織ものや染ものにしろ、かつては自給を余儀なくされていたのだ。多くは、農閑期の仕事だったし夜なべの仕事だった。

それは、機能を第一としてつくるもので、使いがってがよく使いべりのしにくいものが尊ばれた。しかし、そこにもおしゃれが加わる。形態上のちょっとした工夫、色彩上のちょっとした工夫。美的評価にもたえうる民具が生まれることにもなる。

「あの人がつくるものは、小ぎれいだ」という評判がしだいに注文を呼ぶことになり、やがては、その人の手職が専業化してくる。そして、その人がつくるものが商品として広く流通することにもなる。

しかし、昭和三、四十年代のころから、そうした民具類は、本来の実用性を失ってくる。新しい素材による工業製品が安価に流通しだしたからである。たとえば、竹籠がプラスティック製品に、木綿が化学繊維に、木鉢がプラスティックやステンレスの容器にかわっていった。むろんそれは、より便利な生活への移行であり、抗しがたい時流というものであった。

ところが一方で、民芸ブームが生じる。ある種のディレッタンティズム。だが、それも、低俗化する。商業化する。不定形で土くさ

石川県山代温泉　九谷焼　昭和30年

いもの、煤《すす》けて黒光りするものがもてはやされる。それらは、都市の画一的な生活空間のなかで、郷愁を誘うアクセサリーとしての役目をはたすことになった。

その民芸ブームのおかげで、民具製作の技術は、残った。愚直にそれをつないだ人もいる。が、ただの飾りものをつくる人たちも少なくない。

「そんなのが作務衣《さむえ》を着て、作家でございい、とでてくる。嫌な世のなかになった、と思ったよ」とは、ほかならぬ薗部澄の言であった。

岩手県雫石町　しゃもじ作り　昭和39年3月

岩手県花巻市　傘張り
昭和32年9月

宮城県鳴子町　こけし作り
昭和33年4月24日

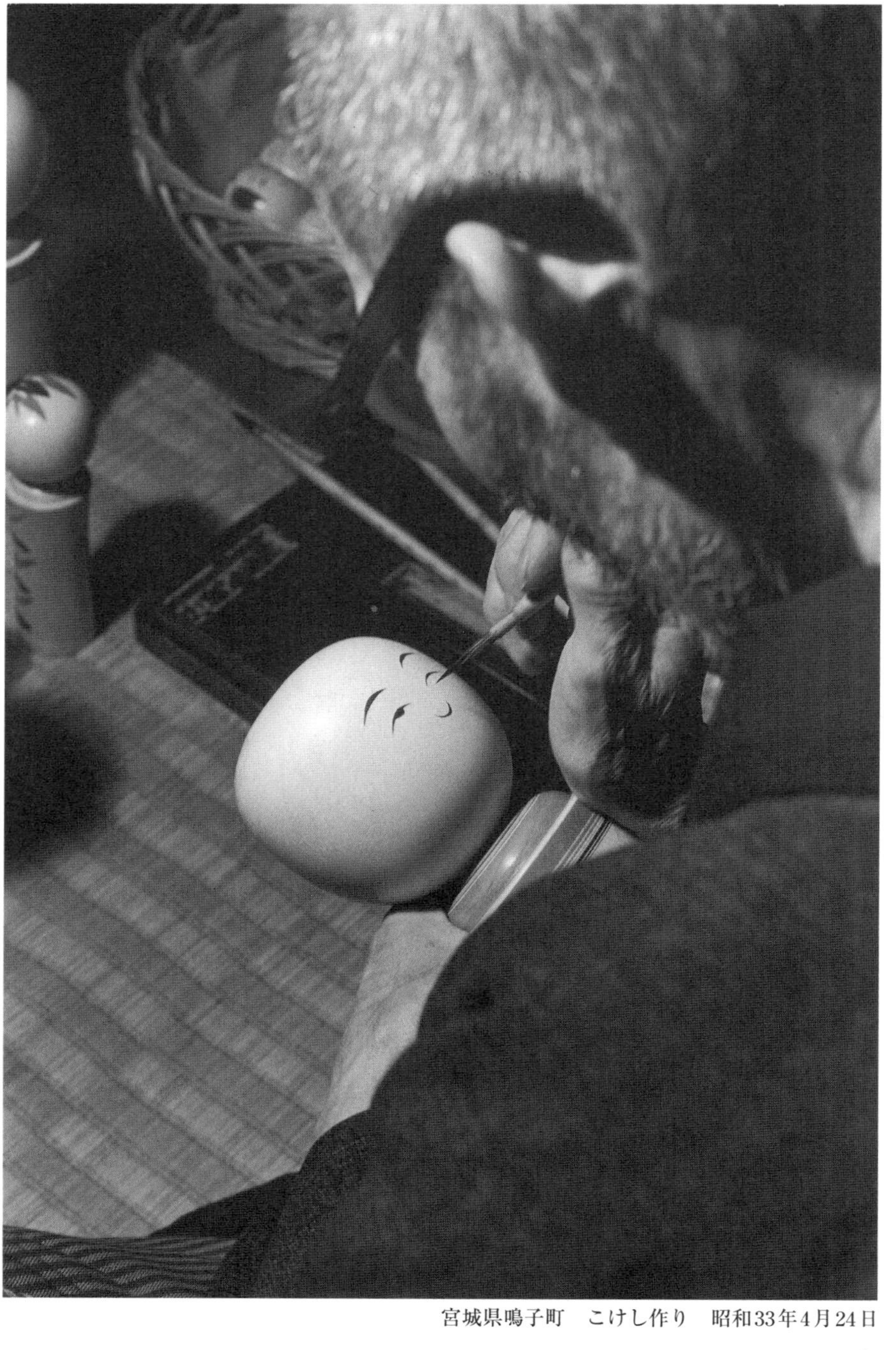

宮城県鳴子町　こけし作り　昭和33年4月24日

家と人

茨城県桜川村　昭和34年9月

石川県輪島市　昭和30年

滋賀県湖北町　昭和40年12月

◀山形県温海町小岩川　昭和29年8月

主婦の力

はじめチョロチョロ
なかパッパッ
ジュージューふいたら火を引いて
赤子泣いても蓋とるな

竈《かまど》と羽釜《はがま》を用いての炊飯法のコツである。

現在は、大方の人が三行目が欠落したかたちでしか覚えていないのではないか。それでは、飯がこげてしまう。かつては、誰もが知る常識というものだった。口ずさむがごとくに、母親が娘へ、祖母が孫娘に伝えたものである。

いちど火をつけたら、そこを離れることができない。竈の前に小さな床几《しょうぎ》が置いてあったりした。飯炊きは、主婦が束の間の休息をとる時間でもあった。

水場は、主婦たちがおしゃべりをしながら情報を交換する場でもあった。井戸端会議、というがごとくにである。

かつて、水道が普及する以前は、共同井戸が多く存在した。銘々の家に井戸をもつことも多かったが、それですべて間にあうわけではなかった。洗濯だけは共同の水場にもってでる、そんな例が一般的だった。

早朝から深夜まで、主婦たちは、気ぜわしく働いた。昼間の農作業に加えて家事労働の負担があった。毎日それをどうきりもりするか、それが主婦たちの力量というものだった。その後姿を見て育つ子どもたちは、たぶんにその力量に圧倒されたはずだ。畏敬の念さえいだいたに相違ない。そのあたりが、現代の母子関係とちがうように思えるのである。

もうひとつ、いっておかなくてはならないことがある。

最近流行のジェンダー論のなかで、主婦は

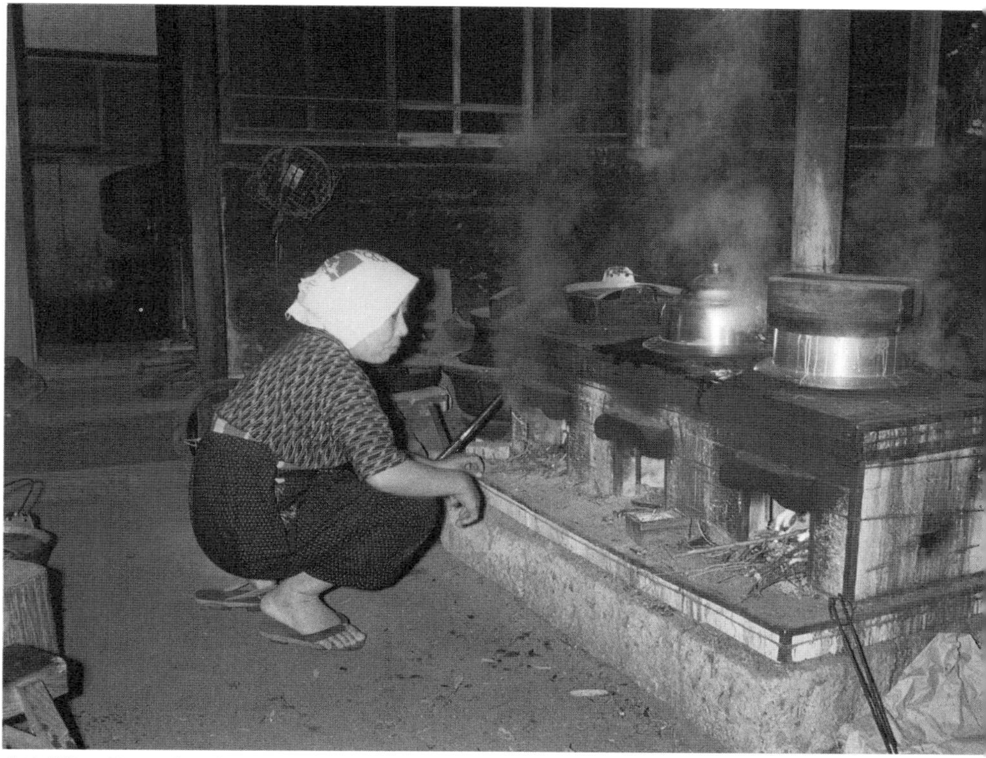

茨城県桜川村　昭和34年9月

不当にしいたげられ過酷な労働を強いられていた、とみるむきがある。たしかに、社会的に女性の地位がおさえられてはいた。しかし、家庭内の労働においては、必ずしもそうではない。主婦が家事にいそしんでいる時間、夫もまた屋外の作業に早出をしたり居残りをしたりで労働を分担していたのである。

そのことも、農村や漁村の子どもたちは、よく見て知っていたはずなのだ。

鹿児島県山川町　昭和29年10月

奈良県下北山村　昭和33年2月

山形県朝日村　昭和29年8月

石川県白峰村　出作り小屋内部　昭和30年

北海道根室市　昭和35年5月

◀山梨県道志村　昭和40年3月

寝そべる子どもたち

寝る子は育つ、といいつたえる。

よく眠る子は、元気な証拠。また、目をさましていても、しばしば子どもは寝っころびたがる。しゃがみこみたがる。

これは、ひとつには、体力不足。長時間の直立や歩行にたえる体力がないからだ。それに、根気も不足している。それが明らかだから、子どもがしゃがみこんだり寝っころがったりしても、大人は、ことさらとがめることをしなかった。

しかし、それは、幼い子どもにかぎってのことだ。青年になると、そうはゆかない。人前でとるべき姿勢や作法を求められた。

それは、しつけを経ての「文化」というものであった。ひとり地域社会にかぎらず、人類の文化というものである。猿、といってもゴリラ、チンパンジー、オランウータンあたりと比較するのが適当だろうが、その猿と人間との大きなちがいは、長時間の直立にたえるかどうかにある。たとえば、猿に芸を仕こむとき、まず直立の姿勢を保つことに相当の訓練を要する、という。

人類は、営々とそれをしつづけ、今日に至っている。なのに、このごろの日本の若者は、人前もはばからずジベタリアン。しつけを怠れば、猿がえりか。そのうち、学校でも路上でも寝っころがるようになるかもしれない。

むろん、体罰は、いいことではない。だが、かつては、規則に反すれば、何らかの体罰をうけるのがふつうだった。家では板の間に正座、学校では廊下に立たされる。それが、そんなに人権無視の悪しき習慣だったのだろうか。鉄は熱いうちに打て、ともいう。あえて窮屈な姿勢をがまんすることで、子どもたちは、ヒトがヒトたる文化的な原則を会得でき

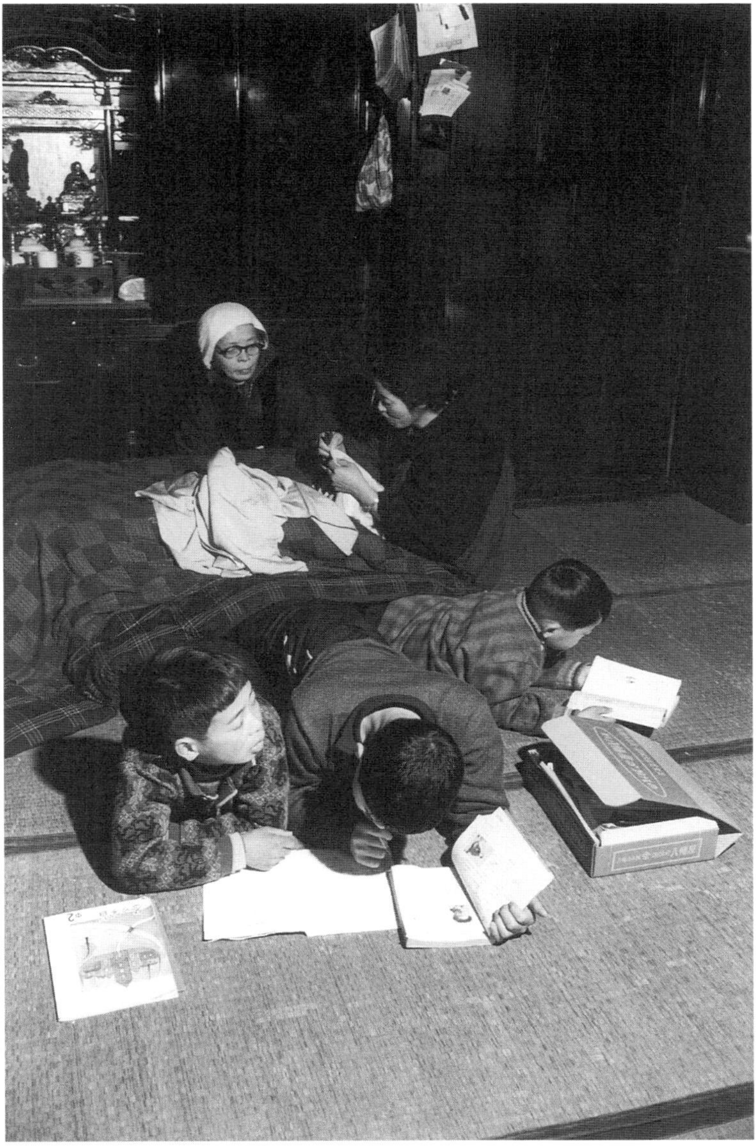

山形県櫛引町黒川　昭和40年2月

たはずだ。そして、その会得にちょうどよい年齢《とし》ごろがあった。

ごろごろと寝っころがって遊ぶことが放任されたのは、ヒトの進化の前段で、これまた当然のことだったのである。

石川県白峰村　ツブロの中の赤ん坊　昭和30年

沖縄県与那国町　昭和53年4月6日

山形県櫛引町黒川　昭和40年4月

家の行事

思えば、家での人寄せの機会が少なくなった。ということは、「イエ」が主催の行事がかわった。たとえば、結婚式や葬式は、家を離れて式場や宴会場を借りるようになっている。都会だけではない、昨今は農山漁村でもその傾向が強い。

たしかに、家に人を呼び行事を催すことは、気苦労なことだ、料理を用意し酒を饗することも、手間がかかって面倒なことだ。

しかし、結果において、それは、たとえば家の営繕と家風の伝承におおいなる寄与をしてきた。

早いはなしが、その行事にあわせて、ふだんは掃除もしないところも片づけ、雑巾がけをする。一世一代の行事であれば、大工を頼んで修理もする。畳がえもする。人寄せ、というよりもカミ迎えということで、その思いきりが可能になったのである。

行事とは、何らかのかたちでカミを迎え、神人が共食することであった。そこには、しきたりがある。そのしきたりをこなすには、それなりの見識と訓練がいる。人前での作法も挨拶も、簡単には身につかないことだ。

平成になってのころだったか、某県の小学生相手に、父親がもっともたのもしくみえるとき、という設問でのアンケート調査があった。正装して冠婚葬祭をとりしきるとき、という類の回答がもっとも多かった。

現在もそうなのだ。かつては、よ

山形県櫛引町黒川　昭和40年4月

り頻繁にそれがたしかめられた。それによって、子どもたちは、将来自分があるべき姿をはかることができた。それは、言葉をもって何度教えてもかなわない。文化伝承というものだった。

一方、人寄せをともなわない家族内での行事もある。その代表的なものが、彼岸や盆の墓参り。これを、毎年くりかえす。現在もかわらない、ということなかれ。そこに子どもがどれほど自然に参加しているかが問題なのだ。私どもは、イエの行事の簡略化のなかで、何か大事なことを見失っているのではあるまいか。

鹿児島県桜島　屋根つきの墓　昭和29年10月

和歌山県白浜町　貝寺　葬式　昭和30年

東京都　八丈島　盆の墓参り　昭和39年8月

◀山形県櫛引町黒川　盆の墓参り　昭和40年8月

山形県櫛引町黒川　正月の丸餅作り　昭和39年12月

鹿児島県　屋久島　昭和29年10月

香川県高松市　女木島　昭和30年12月

山形県温海町　昭和29年7〜8月

むらのへそ

店先で丁寧な挨拶がにこやかにかわされる。皆が顔見知りである。

そこには座りこんで長話をきめこむ人もいる。井戸端会議ならぬ店先会議だ。

むらには、たまり場ともいうべき、いやサロンとでもいうべき場所がある。雑貨店もそうである。

郵便局も医院もそうである。用事をすませてすぐに帰る人などいやしない。そんなことをすれば、「あの人、何を怒ってんだろう」。むろん、農閑期や休漁期に限ってのことであるが。

医者は、学校の先生同様にどこでも人びとから一目おかれる。ただ、学校の先生は、休みの日には農作業もするし、集落の行事では夫役《ぶやく》も分担する。が、医者は別。誰彼と平ったくつきあうことは、ほとんどない。それは、むらにおける医者は、ある種のドクター・マジシャンだから。医者の診断や指導は、カミの啓示に近いものがある。その医者が手を土で汚したり、酒を飲んで騒ぐのは似つかわしくないのだ。

駐在所の巡査も、むらでは特異な存在である。どちらかといえば、けむたがられる存在である。

だが、なかにはむらにとけこむ駐在さんもいた。もう時効の話だから、紹介してもよかろう。

終戦時のモノ不足の時代、東北山地のあちこちでドブロク造りが盛んであった。むろん、密造酒である。その醸造がなるころ、きまって駐在さんは風邪をひいて寝こんだそうだ。そして、むらの男たちがそれを飲みほしたころ、決まって風邪が治ったそうだ。うそのような、ほんとうの話が伝わる。

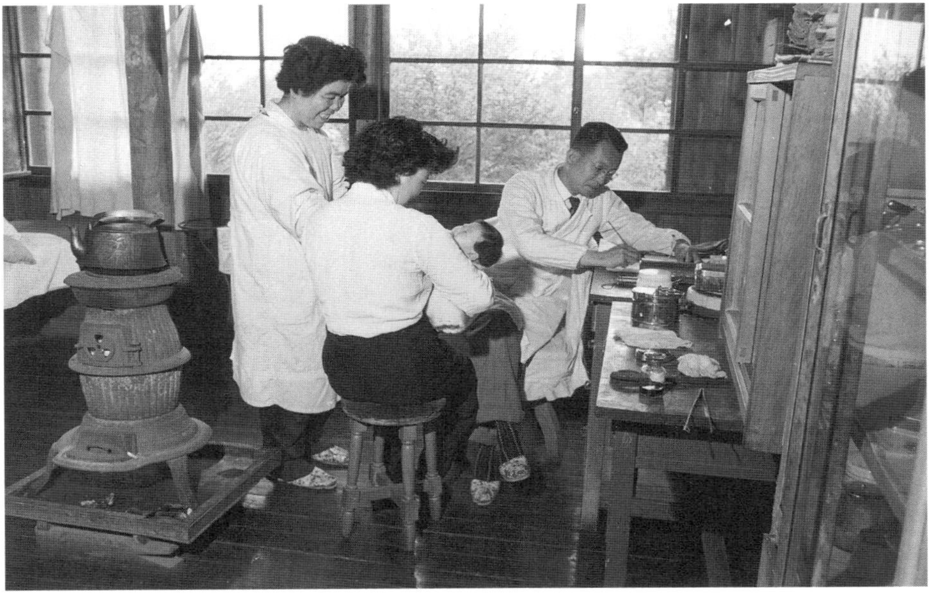
山梨県上九一色村　昭和36年5月

村はずれの、辻堂の脇に火の見櫓。通学の子どもたちの集合場所だった。また、旅行に出かける人たちの集合場所でもあった。

誰が植えたのか、夏にはヒマワリが、秋にはコスモスが、そこに花影をゆらしていた。

現在、そこがごみ回収の場所になったりしているのがものがなしい。

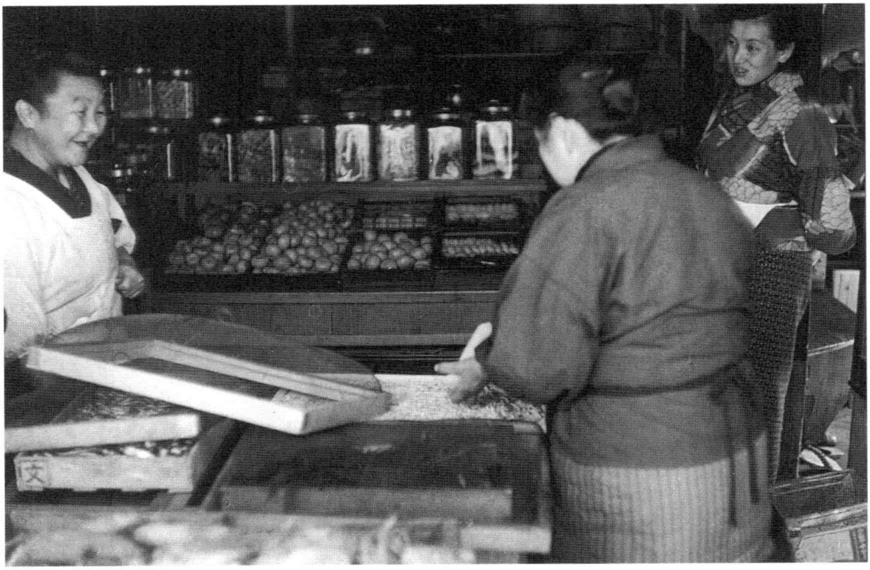

和歌山県白浜町　昭和30年

和歌山県白浜町　昭和30年

▶山形県鶴岡市　昭和29年8月

神奈川県津久井町　移動販売　昭和30年5月

香川県土庄町（小豆島）　出張販売　昭和30年

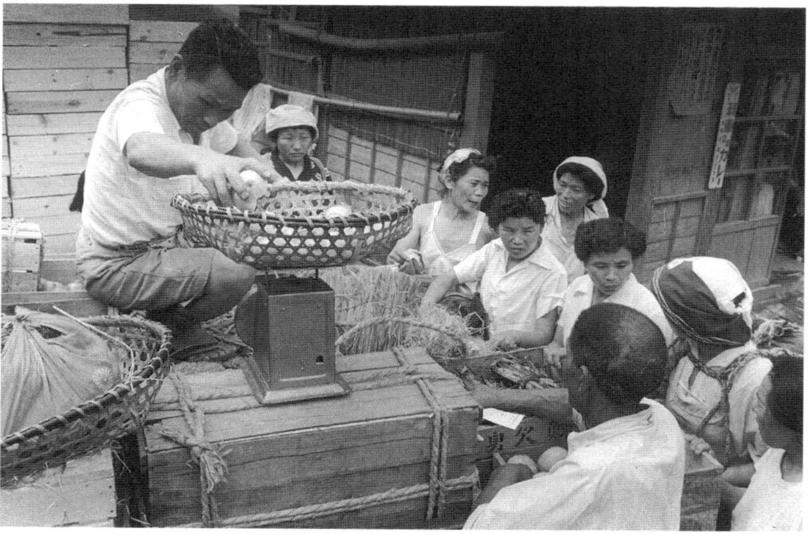

福井県越前町　移動販売　昭和32年8月

◀滋賀県湖北町　桶直し屋　昭和40年12月

めぐり来る人びと

「今日は、何人来たかなあ」と、むらの中央部に位置する煙草屋のおじいさんとおばあさん。毎晩、むらを訪ねくる人をかぞえるのが日課になっているのだとか。実際、先祖代々そこに住み、自らも外にでる機会の少ないむらの人たちにとって、来訪者は気になる存在である。あちこちで、それが話題にもなる。

毎日のように来るのが、郵便配達員。俗に、郵便屋さん、と呼んでいた。最近、高齢化社会への対策として郵便配達員が買いものの注文配達も引き受ける制度の検討がはじまっている、とか。なあに、かつても、郵便屋さんには時々の頼みごとをしていたもんだ。電話の普及以前に多かったのが、ことづけ。「誰々さんのところに行ったら、よろしく伝えておいてね」。郵便代の要らない便利な法、それを職務違反などとおかたいことをいいだしたのは、いつのころからだったか。

毎週のように来るのが、食料品の行商人。とくに、山村では魚の行商人が歓迎された。だが、だまされまいぞ。「じいさんの代までは、吸盤《いぼ》のない腐れ蛸を売りつけられて、そんなもんだと思いこんでいた」。

ほぼ季節ごとに来るのが、薬屋さん。現在でもその制度が残るが、使っただけの薬代を払う。その置薬屋が、紙風船をくれる。子どもたちには、それが楽しみであった。

通信販売が広まる前には、見本販売。柳行李に見本の陶磁器を詰めこんできて、注文をとっていった。記念文字入りの湯呑茶碗や灰皿が普及したのも、そんな行商によってであった。漆器も同様で、ときに越中富山の置薬屋が輪島の漆器の仲介もしていた、という。

祈禱師、神楽師、万歳師など、門づけの芸

人たちが来るのは、きまって正月明け。寒くのころからかみられなくなったなぁ。
とも巡りくるのが福の神、とか。はて、いつ

和歌山県中辺路町　国鉄バスに備え付けの郵便ポスト　昭和30年1～2月

和歌山県白浜町　昭和30年

和歌山県白浜町　山伏　昭和30年

大分県湯布院町　昭和30年2月

大分県直入町　昭和30年2月

和歌山県和歌山市　昭和30年2月

高知県馬路村　草履直し　昭和29年11〜12月

岐阜県中津川市　中央線　昭和36年12月

薗部 澄の視線

薗部さんの撮影の軌跡は、つまりは旅の軌跡でもあった。

昭和二十年代は、『週刊サンニュース』、『岩波写真文庫』の撮影に明け暮れた。ことに『岩波写真文庫』の取材では、ほぼ全国各地を巡っている。昭和三十二（一九五七）年、三十六歳で独立。その大きな理由のひとつは、時間的な制約を受けず、日数をかけてそこに住む人たちの生活を撮りたい、ということだった。

薗部さんのカメラレンズの眼は、たとえそれが静物をとらえていても、それをつくったり、使ったりする人びとをみつめている。風土と人間がなじんだ、その自然体の美しさを撮りたい。だから、被写体に注文をつけることをまずしない。ごみがあれば拾うぐらいで、あくまでもありのままとりつくろいのない表情をカメラにおさめようとするのである。

フリーになった薗部さんは、まずその撮影のテーマに「川」を選んだ。東京佃島に生まれ、文字どおり隅田川で産湯をつかった薗部さんは、川への思い入れがことのほか深い。自身の原風景は隅田川、といってはばからないのである。

薗部さんは、ツーリング用の自転車で、東北最長の北上川流域の撮影を敢行した。そして、その撮影行での、ある開拓農民との出会いが、その後、薗部さんをして、とくに東北の村むらにのめりこませるきっかけとなったのである。

奥中山の高原。日暮れてもまだ働き続ける開拓村の農夫に撮影の礼をいって立ち去ろうとしたとき、薗部さんは呼びとめられた。家に寄ってキノコを持っていけ、という。バスに遅れるからと再三辞退はしたものの、その好意を断りきれない。大袋いっぱいのキノコをかついでバス停に行けば、終バスはすでに出たあとで、道は闇。結局、薗部さんは、それをハイヤーにのせて宿に帰った。「人のやさしさを袋につめて、しょって歩いたこの時から、私のみちのくばかは始まったのかもしれない」と、薗部さんは、そのときのことを述懐している（『ふるさと』）。

戦中から終戦直後の生活は、いまでは想像もできないほどの不便さや悲惨さがあった。とくに、疎開者や引揚げ者などの開拓農民の苦労は並大抵のものではなかった。夏の炎天下に汗を流し、冬の寒さに耐え、黙々と耕地をきり開いていった人びと。だが、そこにみる子どもたちの表情は、何とくったくなく明るかったことだろう。薗部さんは、そうした貧しくもたくましい風景をレンズを通して見事にきりとっている。

薗部さんは、どちらかというと穏やかな太平洋側の風景より、荒々しい日本海側の風景を好んだ。代々人が手をかけて整えた平場の景色より、地形にそった変化の多い山村の景色が好きだ、といった。そこでの虚飾のない生活に強くひかれるものがあったのだろう。

晩年、桜前線を追って撮り続けたサクラも、人工的に植えられた町場のそれではなく、山に自生の桜を好んで被写体とした。薗部さんは、ただサクラの花や並木を撮るのではない。それを愛でる日本人の心情を描こうとしたのだ。だから、山奥の炭焼き小屋の脇に一本だけ立っている貧弱なサクラまでも、薗部さんの眼をとらえたのである。

だが、山村や漁村に自分が住めるとは思わない、と薗部さんはきっぱりいった。そこには特有の閉鎖性がある。東京生れの自分には結局むらの構造がわからないし、積極的に入っていけもしない、といった。民家に泊めてもらうことも避けた。それは、よくも悪くも江戸っ子気質というものであっただろう。

しかし、生活を撮るということは、とりもなおさず人間を撮るということである。あたりまえのことながら、被写体となる人たちとの距離が縮まらなければ、つまり気心が通じあわなければ、生なりの表情を撮ることはできない。そのために、薗部さんは、同じ場所に何度も何度も愚直に通い続けたのである。住むことはできないけれど、友だちづきあいならできるからね、といいながら、どれだけ通い、どれだけ人びととの交際を重ねていったことか——それは、薗部さんの撮った人びとの表情が如実に語っているのではあるまいか。

再版に寄せて

この『失われた日本の風景』が刊行されたのは、平成十二（二〇〇〇）年のこと。すでに、四半世紀になろうとしている。

薗部澄さんが主に昭和二十年代から三十年代にかけて撮った写真を掲載している。その風景が、刊行時には「失われた」と相なる。四十年ばかりの間に、私ども日本人の生活が大きく変化したのである。

経済の高度成長期のその変化は、向都離村・核家族化・高学歴化などという言葉にもおきかえられる。新幹線や航空便や長距離トラックなどが発達することで、大都市部と地方の距離が縮まった。とくに、スーパーマーケットの出現によって日常商品が全国的に流通することになった。電化製品もほとんど間をおかず普及したし、電話も各戸に通じることになった。それまでも時代ごとに変化はあったが、それは、歴史上もっとも大きな変化であった、と断定してよかろう。

日本の風景が「失われる」ことは、それ以前から予知されたことでもある。たとえば、私がよく知るところでも、民俗学者の宮本常一（一九〇七〜八一年）は、『村の崩壊』（宮本常一著作集第十二巻、一九七二年）を著している。また、民俗学者であり文学者でもあった谷川健一（一九二一〜二〇一三年）は、「日本地名研究所」を設立（一九八一年）し、安直な地名変更に警鐘を鳴らしている。

その「失われる」予兆が「失われた」事実となったのである。

しかし、本書の二編（故郷回想と都市懐旧）が出版されたころは、まだ写真に見入って体験や記憶を懐かしむ人が多くいた。そのところでは、まだ「失われつつ」ある風景というものだった。

だが、そうした私たち世代もすでに後期高齢者。次世代以降の若い読者層は、ここにある生活の風景を異次元とみる人も多かろう。そのところでは、「失いきった」日本の風景か。しかし、身体のはるか深いところで共感できるものもあるだろう。失ってしまってはならないものもあるだろう。私は、それを期待したい。信じたい。薗部さんも、きっとそう願っていただろう、と、あらためて思うのである。

二〇二四年四月

神崎宣武

薗部 澄（そのべ・きよし）
一九二一年、東京都生まれ。東方社、サン・ニュースフォトス、岩波映画製作所を経て、フリーランスのカメラマンとなる。風景写真・民俗写真の第一人者。平成六年度芸術選奨文部大臣賞を受賞。一九九六年三月逝去。著書に『北上川』『中仙道』『黒川能』『奈良六大寺大観』『日本の郷土玩具（全六巻）』『日本の民具（全四巻）』などがある。

神崎宣武（かんざき・のりたけ）
一九四四年、岡山県生まれ。民俗学者。長年にわたり、陶磁器や民具、食文化、旅文化など、国内外の民俗調査・研究に取り組む。岡山県宇佐八幡神社宮司も務めている。著書に『わんちゃ利兵衛の旅』『まぐわう神々』『日本人の原風景』『近鉄中興の祖 佐伯勇の生涯』『「うつわ」を食らう』『「おじぎ」の日本文化』などがある。

※本書は、小社から刊行された『失われた日本の風景　都市懐旧』（「らんぷの本」シリーズ、二〇〇〇年九月刊）、『失われた日本の風景　故郷回想』（同、二〇〇〇年一〇月刊）を合本、新装したものです。

失われた日本の風景

二〇二四年　五月二〇日　初版印刷
二〇二四年　五月三〇日　初版発行

写真――薗部澄
文――神崎宣武
発行者――小野寺優
発行所――株式会社河出書房新社
〒一六二‐八五四四
東京都新宿区東五軒町二‐一三
電話　〇三‐三四〇四‐一二〇一（営業）
〇三‐三四〇四‐八六一一（編集）
https://www.kawade.co.jp/

装幀――松田行正
本文レイアウト――タイプフェイス
印刷――TOPPAN株式会社
製本――大口製本印刷株式会社

Printed in Japan
ISBN978-4-309-22924-9
落丁本・乱丁本はお取り替えいたします。